ドン・ジョアン有馬晴信

宮本次人

海鳥社

「讃壽菴」有馬晴信にこの小書を捧げる

本扉写真・山梨県甲州市大和町天目山栖雲寺に伝わる、黄金の十字架を手に持つ虚空蔵菩薩画像（甲州市教育委員会提供）

まえがき

戦前、長崎に無原罪聖母の騎士修道院を創設したポーランド人マキシミリアン・マリア・コルベ神父（一八九四－一九四一年）は、第二次世界大戦中の一九四一年、ドイツ軍のアウシュビッツ強制収容所で妻子ある囚人の身代わりに餓死刑を受け、死んだ。「人がその友のために自分の命を捨てること、これよりも大きな愛はない」と言ったのはキリストである。そのごとくに自らの人生をたどった彼は一九八二年、聖人に上げられたが、もし「身代わりに死んだ」という部分が故意に隠された、としたらどうだろう。一人の戦争犠牲者で終わっていたにちがいない。

四百年前、甲斐国山中の配所「初鹿野丸林」（現・山梨県甲州市大和町）で「五十一」年の生涯を閉じたキリシタン大名ジョアン有馬晴信は、幕府の役人パウロ岡本大八の奸計にはめられ落命した、とされてきた。しかし、その死が「身代わり」的なもの、主君イエズス会の目的を果たすために引き渡されたものであったとしたら、どうだろうか？

本書は、その仮定があながち嘘ではないことを、証明してくれるにちがいない。没後四百年の節目にあたり、誰も気付かなかった晴信の死の謎を明らかにし、真実を提示して晴信と彼に関連するキリシタン史の再考・再発見に供しようと、なかば歴史に押されるかたちで筆を執った。

知ってみれば、彼はイエズス会と日本のキリシタンたちを擁護するためキリシタン信仰を貫き、主君イエズス会の前に絶対忠誠の武士の心でその要求を呑み、自分から命を捨てた勇気ある武人であった。

罪を被り、四世紀ものあいだ誤解された晴信が、真実をもって再度この世に現れ、心中を吐露してくれることを願っている。

有馬晴信没後四百年秋

宮本次人

ドン・ジョアン有馬晴信◉目次

私は（嵐のような危険きわまりない）かような時期の日本においてこそ、喜んでデウスの法とイエズス会の伴天連方を擁護するという任務を担当するのだ。……関白殿（秀吉）が、このことに感情を害し、私に対する戦争をしかけてきた時には、わが主（デウス）が私を助け給うであろうことを期待しつつ、能うかぎりのことをやり尽くそう。そして万策尽きた時、わが聖法（神の教え）とイエズス会の伴天連を擁護すべく、わが命と領地を投げ出すといたそう。

有馬晴信のイエズス会に対する宣誓「一五八八年度年報」

序章　没後四百年

初鹿野に逝く

その日

「慶長一七年五月六日」――一六一二年六月五日、その日、甲斐国大和町初鹿野《はじかの》の渓谷に「雨が降っていた」。キリシタン大名ジョアン有馬晴信が「五十一歳」の生涯を閉じた日だ。

……別れの印として盃の儀式が終わると、二枚の畳（蓆の敷物）を重ねて置くように命じ、その前部に火の点じられた二本のローソクの間に十字架につけられたキリスト像を置かせた。それからその畳の上にあがって、最期を迎える場所に身を置いた。

……ジュスタ（夫人）は有馬殿のわきにいた。……彼は両手を挙げて十字架像の前に跪き、……静かに暫く祈ったのち、頸を下げて執行人にその責を果たすように、と合図をした。彼（執行人）は一撃で首を切った。二人の異教徒たる武将やその場にいた兵たちはかかる場に臨んで示した有馬殿の勇気と力に感歎した。彼らが最も感歎したのは、首が落ちるとジュスタが直ちにそれを手にとって、愛情深く顔の前にもって来て暫くこれと向かい合っていたことである。その後、それを体のわきに置いて奥の室に引き下がり、声も立てず泣き叫びもせずすすり泣きで涙を流し、全身を涙で濡らしながら神の御心に叶うようにその悲しみや追放中のすべての苦しみを神に捧げ、それから頭髪を切った。

……かつての高貴さによってあれほど人に知られ、私たち（イエズス会）を迫害の続く間中、その領内に収容し、キリスト教を維持する為にたびたびその領地を危機に晒し、受洗した一五八〇年以来、常にキリスト教に熱意を示し、その領内に一人の異教徒もないようにして私たちに多大の恩恵を施してくれた（有馬晴信の）……悲しい最期であった。

（結城了悟著『九州キリシタン史研究』所載のイエズス会宣教師マテウス・デ・コ

ウロスによる「一六一二年度年報」キリシタン文化研究会発行。以下「コウロスの一六一二年度年報」とする）

晴信は亡くなる一年前の一六一一年（慶長十六）七月末、有馬を出発して駿府に向かった。幕臣本多正純の家来岡本大八を通じて企てた「旧領藤津郡（当時鍋島領）奪回計画」を、岡本などに直接談判しそれらのことを実行するためであったが、事の次第は思うように行かなかった。逆に晴信の贈賄、大八の収賄が明るみになり、大八は火刑に、晴信は甲斐国（山梨県）の山里に追放された。さらに、長崎奉行長谷川左兵衛藤広を暗殺しようと計画した事実が暴露され、死罪に処せられた。

世に言う「岡本大八事件」（一六一二年）である。

――賄賂、奸計、追放、死罪……といった言葉で綴られるこの事件は、結果的に晴信の評価を歪める最大の要因となった。加えて、歴史はこれを繰り返し史実として伝え、四〇〇年の間に動かしがたい定説となってしまったところに、晴信と同事件を扱う難しさがある。本書の中心テーマ、ならびに今にして晴信を書く理由は行き着くところ、同事件の真相を明らかにすることにある。

一方、同事件はさておき、彼をキリシタン大名もしくはキリシタン信仰の視点から検証し、評価する動きも、一部にあった。当時のイエズス会記録「日本（宣教）年報」がそうであり、その文書史料をもとに近年、著されたキリシタン研究家らの論攷である。

コンチリサン（真の痛悔）で生涯を閉じる

「コウロスの一六一二年度年報」によると、晴信は罪人として一生を終えると知ったとき、「今後味わう苦労は神の御心に逆らって犯した数多《あまた》の罪に相応しい神の罰である」と受けとめ、「一生の間に犯したもっとも重い罪のうちの思い出すものを紙に書き」、「真の痛悔（コンチリサン）をおこない……神にその罪の赦しを求めた」。切腹ではなく、武士としては不名誉とされる「処刑されて死んだ」の文字を「秘書」に強いて書かせ、暗殺を目論んだ長谷川左兵衛に対しては「やさしく謙虚なことばで……不快の念を与えたことをすべて赦されよ」と書簡をしたためた。

武士が死に臨み「真の痛悔（コンチリサン）」というキリシタンの所作をもって生涯を終え、武士らしくない死に方を選択したのは、彼がキリシタン信仰を最期まで貫いたことの確かな証明であった。

日本の武士道とキリシタン信仰には、いくらかの価値観の相違もあり、武士の視点で見る日本の歴史家はそこに晴信の美徳も価値も見出さないが、キリシタン信仰の視点で見るイエズス会は、晴信を「偉大にして優れたキリシタン」と記録し、報告した。

また近年、H・チースリク氏、結城了悟氏（前日本二十六聖人記念館館長）らキリシタン研究家は、岡本大八事件によって失墜した彼の人物像を再検証し、あらためて「有馬の大名の高貴で英雄的な姿」を紹介し、世界史に係わった「真のキリシタン」として位置づけようと試みた。


晴信の回心の経過を見ると、その動機にかなり政治・軍事的な配慮が含まれていたことは確かである。……そうだと言って、有馬晴信の信仰はほんものではなかった、という結論はできない。……こうして一六一二年六月五日に、ヨーロッパでドン・プロタジオまたはドン・ジョアンとして広く知られていた有馬晴信は、その波乱の多い人生を終えた。受洗の動機はかなり政治的であり、その後も種々の政治上・道徳上の問題が起こったとはいえ、彼の最期は、真のキリシタンらしい死に方であった。

（H・チースリク著『キリシタン史考 ―― キリシタン史の問題に答える』聖母文庫）

晴信を背教者とし、さらに迫害者であるとさえ言う人がいる。しかし、それは不可解である。何故なら彼の道徳上の破滅状態から彼を救ったものは夫人ジュスタの愛とともに彼自身の信仰だったからである。信仰が、毀れた破片を集めてそれを結合し、新しい生命を吹き込んで、有馬の大名の高貴で英雄的な姿を私たちの眼の前に見せている。

（結城了悟著『九州キリシタン史研究 ―― 有馬晴信の悲劇と光栄 ――』）

死後四百年を経て

晴信の人生「五十一年」の最期は、自領「有馬国」から遠く離れた流刑の地、甲斐国谷村城主鳥居土佐守の領地、都留《つる》郡深沢郷（のち山梨郡に属し大和村と称した。現・甲州市大和町）初鹿野の丸林、日川の辺であった。当時、晴信の所領有馬国を拠点に布教・教育活動にあたっていた「高来《たかく》の修練院長」マテウス・デ・コウロス神父は、晴信の死の報告

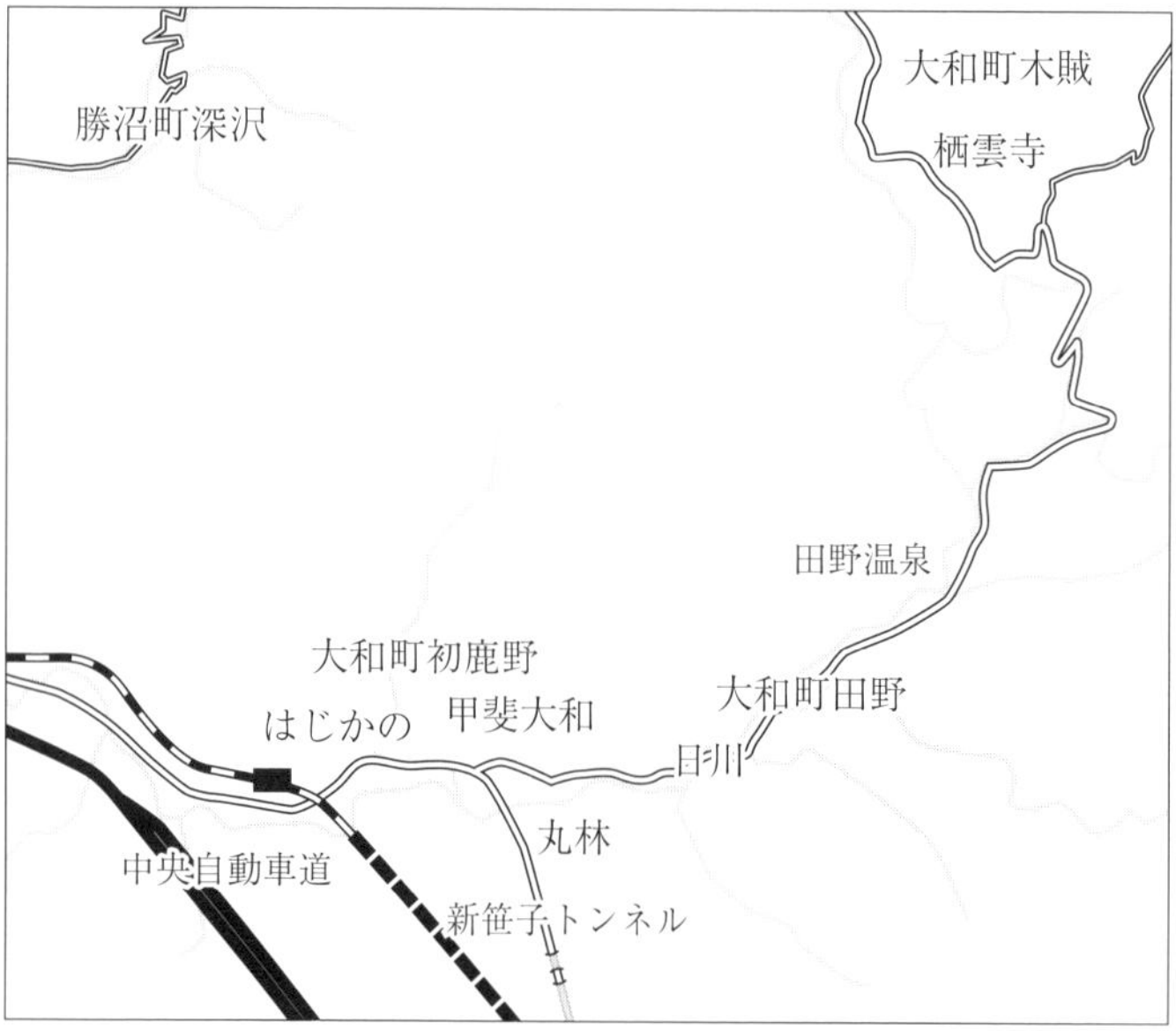

有馬晴信の流謫地、山梨県大和町初鹿野丸林

を受け、「一六一二年度年報」を執筆した。

内側も外側も緞子を張った箱型の棺を作って遺体を入れ、それを身分の高い者が担いで、ジュスタ（夫人）および他の家臣全員がこれに従い、この儀式に処刑者の長二人も家来を伴って参加し、近くの敬虔な土地に運んで行ってこれを埋葬した。これは六月五日で、雨が降っていたけれども、故人に対する敬意から異教徒の誰も頭を覆う者はいなかった。

と伝えている。

　あれから四百年、不思議なことにここ数年、有馬晴信の居城・日野江城跡、原城跡（ともに国指定史跡）を含む長崎県下の「教会群とキリシタン関連遺産」を世界遺産にする機運が昂じ、推進運動が展開されている。かつての「有馬国」南島原市でも世界遺産登録推進室を立ち上げ、城（日野江城、原城）、島原の乱、天正遣欧少年使節、セミナリヨ、キリシタン墓碑等々、関連事案を取り上げては各種イベントを繰り広げてきた。

　しかし、それら島原半島のキリシタン関連遺産を創出した中心人物であり、イエズス会と運命をともにしたドン・プロタジオ／ジョアン有馬晴信については何故かテーマに上げられることもなく、いつも脇に置かれてきた。

　どうしてだろうか。理由はいくつか考えられるが、光と陰が同居する彼の人物像は謎が多く、捉え難いのも事実であろう。しかし、四百年を経て世界遺産の構成資産になり得る（ものと密接にかかわった）人物の謎は、その中に光彩が隠されている可能性もある。

　謎と言えば、当時「罪人」扱いにされ、それら一切が権力によって排除されたキリスト教とその関連物が、今頃になって「遺産」の対象になると言う話も謎に近い。晴信の謎と同一線上にあるものと考えたい。

有馬家第十三代晴信

龍造寺氏の台頭と有馬氏の後退

一六一二年（慶長十七）「五十一歳」で世を去った有馬家第十三代晴信は、それ以前三十二年間、キリシタン信仰の道を歩んだ。

彼が、いかなる理由でキリシタンになったかについては、多くの歴史家が言うようにイエズス会の背後にある南蛮貿易の利、とくに軍事力、経済力の強化が当面の目当てであったのは間違いない。当時、領土問題で危機的状況にあった晴信にとって、それを得るか否かは有馬家の存亡にかかわる事柄でもあった。

晴信とその父義貞（十一代）の時代、有馬氏は小弐氏に代わって台頭した佐賀龍造寺氏との抗戦を約二十年間強いられていた。

両者の均衡が破られたのは一五六三年（永禄六）のこと、百合野（現・佐賀県杵島郡江北町）の合戦で有馬軍が大敗を喫してからである。

両氏が境界を接する小城郡牛津川を挟む一帯で馬渡信光、鴨打陸奥守らが龍造寺の計略によって動きだし、これに反応した有馬義貞は有馬上野介、島原弥七郎の二人を大将とする軍を派遣した。それは隆信を討ち取る好機と見たからであったが、実は隆信側の誘いで、隆信の意を受けた馬渡信光、鴨打陸奥守などが動いていたのである。このため、有馬上野介が率いる兵船は牛津川辺の芦刈入江で敵に包囲され、ことごとく溺死した。

一方、牛津江に至った島原弥七郎の一隊は隆信方の鴨打陸奥守一族に取り囲まれて四十余人が討ち取られ、一旦、須古城（杵島郡白石町）、多久城（同多久市）に引き、ともに出陣していた大村氏も丹坂に陣を張った。これに対し隆信は弟龍造寺信周と鍋島信房に三千余騎の兵を付けて差し向け、同七月、両軍は丹坂で衝突した。激戦の結末は有馬・大村軍の大敗。このとき多久城を守備した有馬勢の西郷純堯《すみたか》、島原純茂の軍も隆信の兵五百余人の急襲で破られた。

このあと一五六九年（永禄十二）の須古城の戦、一五七一年（元亀元）の横造城の戦と、戦さのたびに有馬氏は後退を余儀なくされ、義貞が亡くなった直後の一五七七年（天正五）一月、隆信は一万五千の兵を率いて伊佐早の西郷氏に攻撃を仕掛けた。これにより西郷氏は龍造寺に降り、さらに西郷氏に続いて大村純忠も隆信に降った。

このため、祖父晴純（仙巌）が天正年間に築いた有馬氏の最大版図《はんと》は、高来郡の本貫地有馬を除くほぼ全域を龍造寺氏に占領されるまでになっていた。

アルメイダの来島

有馬氏衰運の端緒となった百合野合戦・丹坂の戦の大敗は一五六三年（永禄六）二月から七月にかけてのことだが、同年三月、イエズス会のルイス・デ・アルメイダ修道士が有馬領内の島原、次いで四月に口之津を訪れ、キリスト教の布教を開始した。龍造寺氏の進出に脅威を察知した有馬氏とその一門の切実な要請によるものであったと見られる。

有馬義貞の舎弟大村純忠が前年、領内の横瀬浦をイエズス会に開港したこともあって、純忠のもとを訪れたアルメイダに有馬氏、島原氏が（戦地で）会い、宣教師の派遣を求めた。それを受けて同年三月末、最初、島原にアルメイダ修道士が赴いた。

アルメイダ修道士が有馬氏の本拠地日野江を訪れたのはそれより一カ月ほど後のことで

ある。その間、アルメイダは一旦、横瀬浦に戻り、トルレス司祭らと復活祭を祝ったあと、大村を経由して四月下旬、有馬に入った。有馬義貞と会見し、口之津での布教許可書を手に再度島原を廻り、安徳に立ち寄り、「船に乗って」口之津に至った。

その頃、晴信の祖父有馬家第十代晴純（仙巖）は、まだ高齢ながら生存していた。キリスト教を容れたにもかかわらず、直後の百合野合戦で龍造寺氏に大敗した息子義貞（第十一代）が「一時、領外に追放された」ことも、また、同年三月以降島原・口之津に急速に広まったキリシタン宗が反対派仏僧らの執拗な攻撃を受けた史実も、仙巖の意志の反映と見れば合点がいく。自ら築いた有馬家全盛時代が衰微していくのを目の当たりにし、無念の思いを抱いたにちがいない。

その彼も三年後の一五六六年（永禄九）、八十四歳で亡くなった。晴信はそのとき五歳、幼い子どもながら、苦境にあって采配を振るった祖父仙巖の姿を記憶していたと思われる。晴信が祖父仙巖の遺志を秘め、戦国のキリシタン大名として登場するまでなお十四年を経なければならなかったのは、領土の縮小に絡む有馬氏の苦悩を物語っている。

実際、仙巖なきあと義貞（晴信の父）が第十一代として采配を振るったものの、彼は「多病にして防戦に怠り、家門日々に衰ふ」（「藤原有馬世譜」）有り様であった。悩みの末に一五七六年（天正四）、受洗してキリシタン（洗礼名アンデレ）になったその直後（天正四年十二月、西暦一五七七年一月）、病に倒れた。

十二代義純（晴信の兄）はそれより六年前（一五七一年）に急逝し、十三代晴信はその時点で家督を受けていたが、実質的に家長権を握ったのは父義貞（第十一代）が亡くなった一五七七年（天正五）からであった。前後して配下の雄・西郷氏も神代も、また大村純忠も龍造寺氏に降り、有馬氏の領国は壊滅的危機に瀕していた。

天正八年、晴信の受洗

晴信は当初、イエズス会に近づくのにいくらか迷いがあったものと思われる。しかし一五七九年、東インド巡察師アレシャンドロ・ヴァリニャーノの口之津港入港を機に接近を図り、一五八〇年（天正八）三月、「ドン・プロタジオ」の名でヴァリニャーノから洗礼を受けた。その際、同居女性の問題解決と、領内の神社仏閣の破壊を要求されたが、晴信はイエズス会の指示に従った。

「これは、巡察師の命令によってなした。亡父（義貞）が蘇生して同様に命じたとしても（そんなことは）しなかったであろう」（ルイス・フロイス『日本史』第三十八章、松田毅一監訳、中央公論社）と述べた彼の言葉には、苦渋の思いとあわせ、イエズス会との関係を親子のそれ以上に重視して生きるその後の武士道的キリシタン信仰の片鱗を垣間見ることができる。先ほど、晴信のキリシタン入信は軍事力・経済力強化が目的であったと言ったが、すでに入信当初から彼は内面世界においてはイエズス会への忠誠を優先させた、ということになる。

　同年、イエズス会はヴァリニャーノを中心に「革命的」とも言える新たな布教方針を打ち出した。日本の在来文化に順応するという〈従来にない〉やり方である。それが晴信の受洗の時期と重なった偶然は、四年後の佐賀龍造寺との戦 — 沖《おき》田《た》畷《なわて》戦での奇蹟的勝利とあわせ、両者の出会いにある程度、運命的なものがあったと思われてならない。

　日本人司祭の養育を目ざす教育機関の設置、少年使節のヨーロッパ派遣に始まるそれ以降のイエズス会日本布教の新たな展開は、いつも傍らに有馬晴信が存在したと言っても過言ではない。そうであるのに、晴信の最期における諸事件、長崎港沖での黒船デウス号撃沈事件、幕臣本多上野介正純の臣・岡本大八を介した贈収賄事件、そして「死罪」の宣告等々が、イエズス会とは無関係に語られてきたのは、むしろ謎である。

この不可解とも言える歴史の誤認は、必然的に矛盾を生み出す。すなわち晴信のキリシタン信仰の「はじめ」と「おわり」の著しい不一致である。これこそが彼の生き様を難解にさせている最大の要因である、と言っていい。

最初に断っておくが、本書は一般の人物伝記とは、やや性格が異なる。「難解」ではあるが、彼の人生の奥にあるキリシタン信仰に正面切って光を当て、それが如何なる性格のものであったかを多角的に検証し、彼の精神世界を読み解こうとするものである。

登場する事件、事項などの前後関係については、巻末に掲げた「有馬晴信略年譜」を参考にしていただきたい。

有馬晴信の誕生年をめぐって

誕生年をめぐる謎

晴信の人生は、その始まりである生年から不可解である。邦文史料『藤原有馬世譜』『国乗遺聞』などが「永禄十年（一五六七）の御誕生」としているのに対し、イエズス会史料はそれより五、六年以前としている。たとえば、「一六一二年度イエズス会年報」（松田毅一監訳『十六・七世紀イエズス会日本報告集』全十五巻、同朋社。以下「‐年度年報」とし、すべて同書収録のものである）が伝える晴信の死没時の年齢「五十一歳」から逆算すると「一五六一年（永禄四）」となり、邦文史料と六年ほど食い違っている。

『藤原有馬世譜』『国乗遺聞』などの記録から「永禄十年（一五六七）の誕生」と仮定した場合、これによって計算される家督相続（一五七一年）の時の晴信の年齢は「四歳」であり、父義貞の死（一五七七年）によって有馬家の実権を握ったのが「十歳」、さらにバリニャーノによってなされた晴信のキリスト教入信（一五八〇年）は「十三歳」、そして、龍造寺隆信と戦った沖田畷《おきたなわて》戦（一五八四年）は「十六歳」となってしまう。どうだろう、いささか若年の印象をぬぐえない。

また、「元亀二年六月、二十二歳」で死んだ兄義純との年齢差が十八年にもなるのは、その間に波多家に養子となった藤童丸（波多親）が一人いるにしても、開きすぎの感がある。

イエズス会文書が決め手

これに対し、イエズス会の欧文史料は、たとえば、「コウロスの一六一二年度年報」が伝える晴信死没時の年齢「五十一歳」から計算される生年は「一五六一年（永禄四）」となり、邦文史料より六年早いことになる。

はたしてどちらが正しいのか、これだけの史料で正否を弁別するのは難しいが、イエズス会はこれとは別に晴信の生年を推定できる記録を二、三書き残している。

一つは、晴信が父義貞の「後を継いだ」とき「十七歳の青年」であった、とするもので、「一五八八年二月二十日付、フロイスの書簡（一五八七年度日本年報）」に出ている。晴信の家督相続は兄義純の没年「一六七一年」ではなく、フロイスが伝えているように、その後実権を掌握していた父義貞が死去した「天正四年十二月二十七日」（『国乗遺聞』）すなわち「一五七七年一月二十五日」の頃であった。これによって計算すると、晴信の生年は「一五六〇年（永禄三）」となる。

また、ヴァリニャーノ師は著書『アポロジア』に、「有馬国主ドン・プロタジオに洗礼を授けようとした時、彼は十九歳でいまだ独身であった」と記している（結城了悟『キリシタンになった大名』八十二頁、聖母文庫）。受洗した一六八〇年（天正八）三月、十九歳であったとすれば、生年は「一五六一年（永禄四）」でなければならない。

他の一つは、晴信の弟「ドン・エステバン（千々石大和守純貞）」の死没年に関する記述である。フロイスの『日本史』に、「（一五八八年）九月十八日、千々石の城主ドン・エステバンが死亡した。弱冠二十余歳で（あった）」とあり、コエリヨ神父の「一五八八年度年報」は、さらに詳しく「今や千々石はドン・エステバンのものであった。彼はドン・プロタジオ（有馬晴信）の第二番目の弟で、おおよそ二十三歳か二十四歳の青年である。

この青年に突然、熱病の発作が襲った。……七日間で彼は亡くなった」と伝えている。

これより割り出される晴信の「二番目の弟」ドン・エステバン千々石純貞の生年は「一五六四年（永禄七）」頃となる。したがって兄晴信は当然それより以前、少なくとも二年以前の「一五六二年（永禄五）」をくだることはない。

以上イエズス会側の計四つの史料から割り出される晴信の生年は、「一五六二年以前」の「一五六一年」もしくは「一五六〇年」のいずれかであり、マテウス・デ・コウロス神父の「一六一二年度年報」が伝える晴信の死没年齢「五十一歳」およびバリニャーノ師が記録した受洗時の年齢「十九歳」から計算される生年「一五六一年（永禄四）」は、信憑性があるものと判断される。イエズス会の諸記録文書が有するその他の歴史年代、経緯説明、場所間の距離数、方角等の記述の整合性・一貫性からしても、晴信の年齢表記に誤りはないものと思われる。

日本側の記録である『藤原有馬世譜』は「江戸時代の有馬氏によって編纂」され（外山幹夫『肥前有馬一族』）、『国乗遺聞』は下って一七九七年（寛政九）から一八〇六年（文化三）に再編纂されている。いくらかの誤謬もしくは人為的粉飾があるのは当然、考えられる。

従来、晴信の生年は、すでにイエズス会関係の膨大な記録文書が世に出されているにもかかわらず、日本側の記録のみに依存し、「一五六七年（永禄十年）」説に固持してきた傾向がある。そこで描かれてきた晴信像は、もう一度、イエズス会史料によって検証する作業を経なければ、その客観的実像を捉えることはできない。ましてや「キリシタン大名」と言うとき、日本側記録が彼について比較的詳しく伝える次の三件、佐賀の龍造寺隆信と戦った一五八四年（天正十二）の沖田畷戦、晩年に係わった長崎港沖における「黒船マードレ・デ・デウス号撃沈事件」、それに続く贈収賄事件「岡本大八事件」の史料をもとに描出するには、限界がある。彼のキリシタン大名としての実像を知るには、やはりイエズス会の記録文書を第一とし、それに日本側の史料を比較対照しながら進めなければならないと考える。

第一章　神の戦士・有馬晴信

有馬晴信の信仰事績

禁教令に抗し、キリシタンを保護

人の真価は、一般的には平常時に隠れ、異常時に表れることが多い。キリシタン大名有馬晴信の真価も、日本キリシタン史における異常時、すなわち日本の権力者がキリスト教を迫害した時期に発揮された。

具体的には二回ある。一つは、秀吉が一五八七年（天正十五）夏、「伴天連追放令」を出したときであり、他の一つは、関ヶ原の戦（一六〇〇年）でキリシタンが関与した西軍が敗れ、徳川氏の敵に回ったときである。

いずれの場合も、晴信は時の権力者の意向に反して「その領内にイエズス会士とキリシタンを収容し」、自身と自身の領地を危険に晒す勇気ある行動を取ったと「イエズス会年報」は記す。

一五八七年（天正十五）、秀吉が「関白軍総司令官」小寺官兵衛（黒田如水シメオン）、「海軍提督」小西行長アゴスチイノとともに九州に進攻し、これらの国々を「関白殿（秀吉）に服従させた」あと、彼は突然「日本キリシタン宗団の解体を決定」し、筑前国箱崎（現・福岡市東区箱崎）で七月二十四日（陰暦六月十九日）、「伴天連追放令」を発布した。

その内容は、キリシタン大名に対し「脅迫と罰則を付けて」改宗をせまり、司祭・修道士には二十日以内の退去・帰国を宣告するものであり、その結果、全国の司祭・神父たち、および豊後から山口に移っていた神学校（セミナリヨ）の神学生らは避難を余儀なくされ、九州平戸に逃げた。

キリシタン大名・武将たちの多くはやむなく秀吉の命に従うこととなったが、中には高山右近ジュスト、小寺官兵衛（黒田如水）、有馬晴信など信仰を堅持した大名もいた。

この時、アゴスチイノ小西行長も動揺し、一時的にイエズス会を避けている。彼の信仰を救ったのは捨て身の覚悟で行長の前に現れ、説得したオルガンチーノ神父であった。

「一五八八年十一月二十五日付、オルガンチーノ書簡」（松田毅一他訳『十六・十七世紀イエズス会日本報告集』全十五巻、同朋社、以下『イエズス会日本報告集』とする）に、その感動の実話が記されている。

避難するキリシタン、司祭神父、神学生らを受け入れた晴信は必然、秀吉と対立するようになる。

それは、このとき奪回したはずの島原半島北部要塞「神代城」が秀吉によって鍋島氏の所領となったことと重なり、対立の姿勢はより深刻な状況となった。

時の権力者秀吉との対立は、当然のこととして大名の地位を危うくすることになる。それだけでなく家臣・領民・領土をも失いかねない。にもかかわらず、晴信は神代城を渡すより「戦《いくさ》に訴えても起こりうることを体験してみようと決意」し、「彼は武器、弾薬の配備を始め、関白秀吉殿が理解を示さぬときは、全面的に関白殿の敵になることを宣言した」(「五八八年度年報」)。つまりは、天下の秀吉とも闘う、というのだ。

晴信の心境がいかなるものであったのか、この時点では推し量ることはできないが、おそらくは三年前、龍造寺隆信を降した沖田畷戦(一五八四年)のことが脳裡にあったものと思われる。デウスの神を信頼し、イエズス会が共にあるならば、勝算がない戦もあるいは勝てるというような、キリシタン信仰に裏付けられた武勇が育まれていたのかもしれない。

1587年、秀吉の伴天連追放令で避難してきた司祭、修道士安土セミナリヨ、府内修練院の神学生などを収容した八良尾のセミナリヨ跡（南島原市北有馬町の山中）

しかし、現実には深刻な状況にあった。「一五八八年度年報」は、この時の緊迫した状況を次のように伝えている。

……神代の城下はドン・プロタジオ（晴信）の所領の中でもひとつの要衝であった。ドン・プロタジオは、自分自身の敵へかの城を引き渡すことなど絶対に応じ得ることではない、それは敵が侵入するための扉を開くことであり、またそれは高来という自領で敵と干戈《かんか》を交えることであるからだ、と述べた。

………神代の城を引き渡すことは、とりもなおさず自分を不利にして敵方へ武器を与えるに等しかった。

……ついに彼は、自らすすんでかの城の明け渡しに応ずるよりも、戦《いくさ》に訴えて起こり得ることを体験してみようと決意しつつあった。かくて彼は武器や弾薬の配備を始めた。そして関白殿が理解を示さぬ時は全面的に関白殿の敵となることを宣言した。以上のことによって生ずる危険のゆえに、我ら（イエズス会）一同も彼の配下の貴人たちも少なからぬ恐怖の念を抱かずにはいられなかった。しかしながら有馬殿は自ら申し開きを行なおうと、きわめて巧みに既述の武将と協議した。副管区長師が有馬殿をしてアゴスチイノ（小西行長）を訪ねさせたし、後日、自分からも密かにアゴスチイノと官兵衛殿（黒田如水シメオン）を訪ねて言った。官兵衛殿もまたこのことの打開策を彼らと協議するためにそこにいたのである。

小西行長との友情

もしこの時、その通り「秀吉の敵」になり「戦に訴えて」いたら、有馬氏の歴史とイエズス会の日本における布教史はここで終わっていたかもしれない。この難局を打開したのは秀吉の重臣、「海軍提督」小西行長アゴスチイノであった。

彼は副管区長オルガンチーノ師とともに晴信のもとに赴き、助言した。

「関白殿の敵であることを宣言して、自滅に追い込むようなことはせぬように。今は己が罪を告白するよう。既述の城（神代城）を引き渡して、その旨を貴殿より関白殿に伝えれば、関白殿は十分満足するであろう。たとえ既述の城を一時的に引き渡したとしても、いつでも望むときそれを取り戻すことは、いともたやすいことだろう。今は時の流れにじっと身を委ねておくことが肝要である」（「一五八八年度年報」）と。

「今は己が罪を告白するように。……今は時の流れにじっと身を委ねて……」と言った彼の慈愛と友情心あふれる言葉は、オルガンチーノ師によって生まれ変わった本物のキリシタン信仰に裏付けられている。このあと行長は肥後の南部と天草を所領し、肥前国高来《たかき》を所領する有馬晴信とともに九州西海道南部地域一帯にキリシタン文化を開花させたことは言うまでもない。二人の友情はのち、晴信が後室に公卿出身のジュスタを行長の斡旋で迎えることにつながっていく。

あらゆる事に神を優先する

もう一つ、有馬晴信の日本キリシタン史における顕著な手柄は、秀吉の死後、関ヶ原戦前後すなわち、一五九八年から一六〇〇年にかけて表れる。

秀吉が一五八七（天正十五）年に発布した「伴天連追放令」は、その後、朝鮮侵攻戦争文禄慶長の役によって一時的に緩んだものの、二十六人（のち聖人に列せられる）の殉教事件（一五九七年）で再び多くのキリシタン大名とキリシタンに恐怖を抱かせ、そのため「己が志を行動によって示すことができない」状況にあった（「一五九九－一六〇一年日本諸国記」『イエズス会日本報告集』)。

京都で捕らえられたフランシスコ会の宣教師や修道士、信徒ら二十六人が長崎西坂の丘で処刑された事件は、マニラを出港したイスパニアの貿易船サン・フェリペ号が土佐海岸に漂着した(一五九六年)のをきっかけに、「日本国の侵略を企てている」との情報が流れたのが原因とされているが、背景にはイエズス会と托鉢修道会との教派対立があったらしい。いずれにしても、日本キリシタン史における最初の大がかりな逮捕・殉教事件として衝撃が全国を走った。キリシタン大名・武将はもとより、キリシタンに親近感を抱いていた人々も「恐れおののいて」(「一五九八年年報」)遠ざかり、大名の中にはキリシタンへの圧迫を開始する者もあった。平戸の松浦隆信がそうであり、キリシタン家臣籠手田一族とその従者六百人が長崎に避難した。イエズス会の宣教師もまた、「隠れ家に身を隠し……居所を頻繁に変え、危険きわまりない道を夜間に行かねばならぬという新しい事態がおこった」(同前史料)。

続く関ヶ原戦では、キリシタン大名らが、反徳川同盟を形成して家康に対立したこともかさなって、キリシタン大名が「己の志を行動によって示すことができない」状況が継続した。

そんな中で、有馬晴信は、恐れず自身がキリシタンであると表明し、それを証明するいくつかの勇敢な行動をなして見せる。

一つは、晴信の師アレシャンドロ・ヴァリニャー師が有馬に赴いたとき、恐れをなしていたキリシタン領民を激励し「活気づける」ため、師と司祭、修道士を伴って所領（島原半島）をくまなく巡回したことである。晴信は、これを自ら申し出で、「雨の多い時期」であったが「深い喜悦とともに」出立し、「熱心なキリシタンとして振る舞った」。

第二には、新たに迎える夫人・公卿中山親綱の娘（一六〇二年に受洗、「ジュスタ」）のため市《まち》の中の最良かつ快適な場所に新築した「いとも大きく威厳のある邸宅」を、菜園、併設されている家臣の家屋を含めイエズス会に寄進したことである。

「司祭らが住む家屋がどれほど不便であり、少年らの神学校を設置し教会を建てるにはどれほど劣悪で手狭であるかを考慮し」ての申し出であった。人間味あふれる一人のキリシタンリーダー像が髣髴《ほうふつ》とされる。

第三には、「日本の中で最も風格を備え、贅《ぜい》を尽くした、三つの祭壇を有する」大教会を建設し、あわせてセミナリヨ（神学校）を併設し寄進したことである。

豪華な大教会は一六〇一年秋に落成し、同年十月十八日に盛大な献堂式が催された。教会は海に面した大きな広場にあり、横に附設されたセミナリヨ（神学校）、向かいのコレジオ（元晴信の邸宅）とともに、この場所は以後、晴信が岡本大八事件で排斥される一六一二年まで、日本管区イエズス会の一大活動拠点となった。

晴信のこうした大胆な信仰表出行為は、ある面危険とも言えるものだが、一方、イエズス会側にとっては彼の「奉仕」によって難局を回避し、活動を継続することができた。「一五九九－一六一〇年日本諸国記」でこれらの事がらを「本年なされたきわめて顕著な三件」と特記し、「彼は住居を教会とし、その他必要なものをイエズス会に寄進した日本で最初の国主であった」、「迫害以後、信仰を公然と掲げ始めた最初の者であった」と、讃辞を添えている。

その頃、秀吉の朝鮮侵攻をきっかけにブームとなった「新しいかたちの城郭」建築運動が全国的に展開され、晴信も原城、日野江城を新時代の戦術に備えるべく改造工事に着手して多忙を極めていた。

イエズス会の「一五九九年度年報」は、「日本人たちは太閤様の波瀾の支配によって戦術の新たな方法を学んだ。それゆえ彼らは今や、古い城郭を壊し、敵の勢力を撃退するた

イエズス会キリシタン文化栄光の時代を創出した有馬晴信の居城「日野江城」跡。1613年、レオ林田助右衛門一家らが殉教した有馬川殉教地と推察される河原墓地から望む。

め時代に適合した新しい城郭を普請している」と伝えている。

有馬氏の支城原城はこの時、複雑な構造の虎口、海に面した本丸門、櫓のための突出高石垣など、海戦に対応する海城として整備された。それゆえ大教会と城普請の「両者の作業をともに行なうことが不可能な」状況にあったが、彼は「城の要所の作業を取りやめて、教会の建設をおこなう」指示を出し、「ただちに城の工事を中止させ、七十ないし八十人の大工を教会建設につかわし、そのうえ木材や石材を運び、その他必要な事柄に助力する二百人の労働者をこれに従わせた」(「一五九九－一六〇〇年日本諸国記」)。

あらゆる事柄にデウスの神を優先させる彼

の信仰にもとづくものであった。

関ヶ原戦で黒田如水に呼応

これと前後して一六〇〇年（慶長五）、関ヶ原の戦がはじまる。秀吉の没後、かねてから彼の恩顧を蒙って勢力のあった石田三成は、四隣を制圧して東海の地に勢力を高めた徳川家康の専横を見て主家豊臣氏の将来を憂え、秀吉恩顧の諸大名を糾合して家康を除こうと図った。これに対し加藤清正、福島正則らの武将は家康に与して早くから三成などと対抗し、諸大名の間に二派対立の形成が広がったした。

歴史上あまり知られていないことだが、「イエズス会年報」はこのとき、小西行長はじめジョアン明石掃部らを中心に重立ったキリシタン武将が反徳川同盟を結んで家康に対抗した事実を伝えている。

一六〇〇年（慶長五）、関ヶ原における天下分け目の戦いは徳川家康軍の勝利に帰した。結果、反徳川の立場をとったイエズス会と全国のキリシタンは窮地に立たされることになる。

この際、有馬晴信は如何なる身の振り方を選択したのだろうか、多くの歴史家たちは、結果的に晴信が生き残ったため「(初めから)徳川方に付いた」としているが、事実はそのような単純なものではなかった。

九州からは、薩摩の国主島津義弘と肥後南部・天草の領主小西行長ドン・アゴスチイノが石田治部少輔三成の本拠・江州佐和山城に駆けつけ、大勢は西軍(石田)方に傾くと思われたが、かの著名な知謀の武将黒田如水(小寺官兵衛)シメオンは、秀吉の寵臣でありながらその先見の明によって徳川方に立った。如水は、自領である豊後で、追放から再起し、西軍についた大友義統軍を攻撃、これと連合した肥後半領の領主加藤清正が小西領に攻め入った。「この二人の戦況に接し、九か国(九州)の(他の)領主たちは、ある者は一方、在る者は他方に味方し、またある者は態度を保留したり中立の立場をとったりして、派閥に分かれた」。キリシタン大名である有馬と大村の領主は「家臣とともに都(西軍)へ招集されながら赴かなかった」。そして最後に「内府様(徳川家康)方についた」、というのがイエズス会による記録である。

別の箇所には、「有馬と大村の小国領主が内府様(徳川家康)のために武器をとり(ながら)、そのために彼らの身が安泰であったのは黒田官兵衛(如水)殿の力であった」、とある（「一六〇〇年度年報補遺」『イエズス会日本報告集』）。

つまりは、はじめ徳川方に対立する姿勢をとり、途中、黒田如水シメオンの助言によって西軍方から東軍方に転じ、所領を安堵された、という複雑な経緯をたどったことになる。

イエズス会の最後の砦

一六〇〇年当時、イエズス会を支持する有力なキリシタン大名として、小西行長アゴスチイノ、有馬晴信プロタジオ（ジョアン）、黒田如水シメオン、大村喜前サンチョなどがいた。

このうち小西行長は一六〇〇年の関ヶ原戦後に捕らえられて悲劇の最期を遂げ、黒田如水は一六〇四年三月、伏見の自邸で亡くなる。大村氏は純忠バルトロメウが一五八七年に死んだあと息子喜前サンチョが継いだものの、一六〇六年、信仰を捨て、迫害に転じた。

政治権力を布教に取り込む方針を一貫したイエズス会にとって、それらは大きな痛手であったにちがいない。残るはただ一人、有馬晴信に運命を託さざるを得ない状況にあり、武人晴信もまたその意を汲んで果敢に行動する。ために一六〇〇年から亡くなる一六一二年まで、有馬国（島原半島）は文字通りイエズス会の日本における活動拠点としての役割を担った、と言うことができよう。セミナリヨも、またコレジオも有馬に移され、キリシタン文化が最期の光彩を放った時代でもあった。

小西行長の遺志を継承

繰り返すが、「彼（晴信）は住居を教会とし、その他必要なものをイエズス会に寄進した日本で最初の国主」であり、「迫害以後、（キリシタン）信仰を大いに公然と掲げ始めた最初の者であった」（「一五九九―一六〇一年日本諸国記」）。具体的には、第二の夫人として中山親綱の娘、公卿今出川（菊亭）季持未亡人を迎えるため、「市《まち》の最良かつもっとも快適な場所に新築したいとも大きく威厳のある邸宅」を、「全敷地を含め」イエズス会に寄進し、あわせて大教会、セミナリヨを建設し、イエズス会に提供した。一六〇〇年前後のことである。

当時、全国にいた複数のキリシタン大名、親キリシタン派の国主たちは、「（秀吉の伴天連追放令以来）十三年間続いた迫害によって恐れをなし……己が志を行動によって示すことができない」状況にあった。その中で小西行長アゴスチイノは、「日本の全教会の強力な支柱」「イエズス会の頼り」として行動した。

イエズス会は、その頃の行長のことを「日本にいる最大のキリシタン領主、……日本の全教会のもっとも強力な支柱で、かの地方におけるイエズス会全体の一番誠実な友であり、著名な恩人、また保護者でもあった。彼はきわめて異彩を放った偉人で、もっとも傑出した司令官……日本のカピタン・モール、そして海軍提督のような（地位に）あり……」（同前史料）、と絶賛している。

豊臣秀吉がバテレン追放令を発布したとき、行長は晴信のように、避難する宣教師、キリシタン神学生らを受け容れることはできなかった。怯えて神父の前に出ることもできなかった彼に、殉教の覚悟をもって室《むろ》（小西の領地）に出かけ、説得したのはオルガンチーノ神父であった。「これを聞くとアゴスチイノ（行長）は泣き出し、何の返答もせずに立って（結城）弥平次の部屋へ行き、そこに三時間以上いた……」、そして「もし関白殿がこのことで彼を咎める時には信仰のために死ぬ絶対的な決意をした」（「一五八八年十一月二十五日付、オルガンチーノ書簡」）。

あれから十三年、行長はキリシタン信心を堅持し、文禄・慶長の役の戦陣においても信仰と政治を使い分け、つねに「己をデウスに捧げる決心」で行動した。日本のキリシタン宗団が秀吉による数々の圧迫と難局を乗り越えてきたのは、たしかに行長が秀吉の前に防波堤となってくれたお陰であった。

彼は、関ヶ原戦で石田三成に呼応し、西軍の将として参戦した。イエズス会の記録によるとそれ以前、前田利長、上杉景勝ら有力奉行（大老）が「反徳川の陰謀を準備し」、これに石田三成、小西行長、さらに宇喜多秀家の義兄弟ドン・ジョアン明石掃部《かもん》殿が賛同した、と伝えている。その際、家康の誘いにも応じず、そのために「危険の中に我と我が身を投ずることになった」。関ヶ原の「戦いの日に、彼はポルトガルの王妃ドナ・カタリナから贈られた、非常に敬虔の念を喚起させる小型の聖像を携えたが、その中には我らの主なるキリストや栄光の聖母の多くの御絵が入って」いた。「それを彼は、いつも祈るためいくつかのコンタツとともに武具の中に入れていた」（同前史料）。

敗将として捕らえられたとき、「告白」のキリシタン秘蹟をするのに「一人の司祭伴天連様にお逢い出きるよう」願ったが叶わず、そのため一人で「悔悛（コンチリサン）の祈り」を続け、ついに十一月六日（陰暦十月一日）、市中引き回しののち、六条河原の処刑場で斬首された。

一方、有馬晴信は同戦で小西方に同調し、途次、黒田如水に倣い徳川方に恭順したため行長の二の舞は避けられたものの、至って難しい状況に置かれていた。そのとき、晴信が行動によって見せたのが「きわめて顕著な三件」であった。歴史家の誰も言わないことだが、晴信は犠牲になった行長の遺志、政治とキリシタン信仰を使い分け、イエズス会を擁護する使命を継承する決意を、このとき固めたものと思われる。

晴信にとって小西行長は十二年前（一五八八年）、神代城の領有問題で秀吉に敵対し、危うく自領を失いかけたとき、「今は時の流れにじっと身を委ね……」と慈愛の言葉をかけてくれた恩人であり、朝鮮戦役ではともに戦った戦友であった。行長の斡旋により新たに迎えた公卿出身の夫人ジュスタは、今になってみれば二人の友情の証し、行長の形見（的存在）であり、彼女はヴァリニャーノ師から洗礼を受けて「熱心と献身」でキリシタン信仰を深め、いま目の前で「女性家人たちに模範を垂れている」……。それらさまざまな事象を思い起こすなかで、晴信の決意は一層強くなり、結果として「迫害以後、信仰を公然と掲げ」る「きわめて顕著な三件」の行為となって表れた、と見ることができる。これ以後、晴信の言動に小西行長の影が見え隠れする。

キリシタン難民を受容

行長亡きあと、彼の遺臣で今は浪人となった肥後国愛藤寺城代だった結城弥平次とその家族を晴信が公然と抱え、三千石を与えて金山城（雲仙市国見町土黒町）の城主としたのも、同様に「公然と信仰を掲げる」行為であった。結城弥平次は畿内河内国出身、「ジョルジュ」の洗礼名を持つ著名な武将であり、幕府が、キリシタン武将結城弥平次を晴信が抱えた事実を知らないはずはなかった。

小西行長領の肥後国南部のうち、八代城（麦島城）にいたキリシタンたちは城代ディエゴ小西美作行重（行長の娘婿）を中心に、約千五百人が舟六十隻で薩摩国の江口に亡命し、のち一六〇九年になって再度長崎に逃れた（イエズス会の年報記録や一六〇二年以降甑島に上陸して日本布教を開始したドミニコ修道会の史料に拠る）。その際、小西領から島原半島にのがれたキリシタンがあり、所々に確認される。三会村の山手に隠れ住んでいた鉄砲の名人「下針金作」もその一人で、小西の残党とされている。一六一三年、北有馬の折木村で殉教した看坊川上トメも「肥後国の生まれ」。同地に移住し、仲間のキリシタンたちを密かに指導していた（「一六一三年度年報」）。

関ヶ原戦の後、日本各地にあったキリシタン集団は、同じように破壊され、彼らは「或る者は捕らえられ、或る者は他の国へ追放され、多くのキリシタン貴人たちは没落した」（同前史料）。追放された全国のキリシタン、同浪人たちのうち、その多くは九州、長崎、そしてこの「有馬の国」島原半島に逃れて来た。

「この地（有馬の国）の領民は皆、キリシタンであるが、他の地域から来た人々の中から、およそ六百人が洗礼を受けた」（「一五九九－一六〇一年日本諸国記」）。

「三百五十人ほどの異教徒の成人が受洗した。彼らは他の地方から当国（有馬国）に来た人々たちである」（「一六〇六－〇七年日本の諸事」）。

「領外から（有馬に）来た三十七人と大人が我らの聖なる信仰の真実をよく理解して洗礼を受けた」（「一六一一年度年報」）。

「イエズス会年報」は、「追放」刑を受けて流浪した多くのキリシタン難民を有馬に受け入れた事実を、小さな記事で留めている。

郷土の歴史はこれを忘れ、それらは島原の乱後の移住と混同されていることが多い。先祖が島原半島に移住した古い商家や庄屋などの歴史を訪ねていくと、系図に「有馬修理大夫（晴信）様御領主之御時」と記されているのを見ることがある。

一例だが、慶長年間、畿内から「肥州高来郡島原・大野村」に移住した元松倉氏家臣・馬場氏（のちの嶋原村庄屋森崎家、南串山村庄屋馬場家）。同じく「慶長年中頃」伯耆国から多比良村に移り、「北目筋之郡代役」を務めた中村（村里）家なども、その流れで捉えることができる。紛れもなく乱前の晴信時代における移住である。

イエズス会を擁護し、キリシタン信仰を公然と掲げた有馬修理大夫晴信の名は、全国のキリシタンに「擁護者」「慈父」「救い主」のような存在として知られていたのだ。

一般流浪者の受け容れを可能にしたのは、そのような領主のもと、信徒組織コンフラリアが機能していたことも上げられる。

イエズス会宣教師ゾラ神父が島原・三会地方に組織した「世主々《ゼズス》の組」の掟《おきて》に、「此組のあてどころといふは、DS《デウス》の御力御憐《あわれみ》をもつて、面々の議は申に及ばず、ほろしも（隣人、ポルトガル語ではポロシモ）のあにま（霊魂）の扶《たすか》りをも歎《なげく》（誠心誠意思う）へきため也。此くみは、互に兄弟のちきり（契り）大切（愛）のむすひなれば、一身を以ほろしもの合力をもつはら（専ら）とすへき為也」と。また、教理書『どちりいなきりしたん』の「慈悲の所作」に、「飢えたる者に食を与る事。……行脚の者に宿を貸す事」とある。

「ぽろしもの大切（隣人愛）」をうたう彼らのキリシタン信仰が、権力をも恐れない堅い信念をもつ領主ドン・ジョアン有馬晴信の庇護下で醸成され、定着していたことの証しでもあった。

沖田畷戦で人生観を確立

晴信の使命の自覚

人の上に立つ人物は、ときに「指導者」、あるいは「旗手」「師」「責任者」などと称されることがある。いずれもその理想型を表わす言葉である。よき指導者とは、行くべき道を示し率先する人、全体の責任を取ることができる人、危険に晒されたとき自ら矢面になって配下の人々を保護し擁護する人、そして、部下を一人前の人間になるよう指導し、教育する人のことだ。

戦国時代、大名はリーダーの一人であった。秀吉のバテレン追放令によって追われ、平戸に避難してきた宣教師、神学生らを、有馬晴信が「自らの責任のもとに引き取り、自分自身を明白な危険のなかに晒した」のは、有馬の領民のみならず「日本のイエズス会のすべて」に対し、責任をもって保護する良き指導者「キリシタン大名」としての任務を自覚していたからに他ならない。

「一五八八年度年報」に、晴信がイエズス会司祭に語った、そのような自覚を裏付ける言葉が記録されている。

私は（嵐のような危険きわまりない）かような時期の日本においてこそ、喜んでデウスの法とイエズス会の伴天連方を擁護するという任務を担当するのだ。……関白殿（秀吉）が、このことに感情を害し、私に対する戦争をしかけてきた時には、わが主（デウス）が私を助け給うであろうことを期待しつつ、能うかぎりのことをやり尽くそう。そして万策尽きた時、わが聖法（神の教え）とイエズス会の伴天連を擁護すべく、わが命と領地を投げ出すといたそう。

「神の戦士」プロタジオ

晴信のキリシタン信仰について、あるキリシタン研究家は「受洗の動機にかなり政治・

軍事的な配慮が含まれていた」と指摘するが、イエズス会が時の政治的権力を布教に活用する方針を採ったことからすると、そのような批判は当たらない。

人はこの世的動機をもって神に近づき、信仰に至るものである。晴信は基本的に戦う「武人」であった。そして、受洗後「わが主が私を助け給うであろう」というデウスへの信頼を絶対的なものとし、身の危険をも顧みず果敢に行動する「神の戦士」、「ドン・プロタジオ」となった。

このような騎士的キリシタン信仰が彼の裡にいつ、どのように芽生え、獲得されたのだろうか。

イエズス会の記録を注意深く読み進めていくと、巡察使ヴァリニャーノがインドのゴアで書いた書簡の中に、該当するくだりを見つけることができる。強敵龍造寺隆信と戦った一五八四（天正十二年）春のことである。

彼は、この勝利がデウスの御手によってのみ得られたことを認めて（司祭に）告白し、感謝の印として領内に立派な教会をすぐ作って大きな収入を寄付し、そこの司祭達が快適に暮らせるようにした。彼が言うには――戦さが始まる前に、我らの主にそうすることを誓ったし、また、戦さの前に教皇から贈られた立派な聖遺物匣を受け取りに行った時、副管区長師（コエリヨ司祭）が最初に告白を聴き、聖体を授けた後、盛大な儀式をもって、これを首に掛けたので、彼は（これを）主なる武器として受け取って戦さを始め、これにより勝つと予期していた——とのことである。

（「一五八五年十二月二十三日付」書簡『イエズス会日本報告集』）

聖遺物匣の一種「箱型十字架」。島原の乱（1637－1638年）の舞台となった原城本丸跡で出土した。縦７・５センチ、横４・70センチ、表面に星、茨冠、金鎚、釘抜、３本の釘、２本の槍などキリストの受難の道具が描かれている。青銅製。晴信がローマ教皇から下賜されたそれは「金と七宝で造られ」、「金の鎖」が付けられていた。（南島原市教育委員会提供）

沖田畷での起死回生の神体験

それは受洗後、四年目の出来事だった。龍造寺隆信との戦において彼は、配下の城が次々と敵側に落ち、絶体絶命の窮地の中で「大きな十字架を描いた上に、聖なるイエズスの名（ＩＨＳ）を記した旗を立て」、ローマ教皇から贈られた「聖遺物匣」を身につけて戦い、それらを「主なる武器にして」勝利した（同前ヴァリニャーノ書簡）。

その体験こそが、彼をしてデウスの神の実在とキリシタン信仰の力を確信せしめるに至った原点、つまりは晴信自身の人生観・信仰観を決定づける出来事であっただろう、と思われる。

弱者が強敵と戦って勝つこのような事象は、旧約聖書に出てくる巨人ゴリアテと信仰者ダビデとの戦い、あるいは、信仰の自由を求めて新大陸に渡った清教徒らがジョージ・ワシントンを中心に、強大な軍隊イギリス軍と戦った独立戦争に比することもできる。

龍造寺軍二万五千の前に有馬・島津連合軍はわずか七千人。「人間的に見ればほとんど救済の見込みがなかった」（同前フロイス書簡）闘いに、有馬晴信が信仰という力を「主なる武器にして」勝利したのは、天が味方したこと、日本において有馬の国・島原半島を意味のある場所にしたい神の意志と計画が在ったから、と解釈することができる（当時、島原半島を中心にヴァリニャーノの日本布教構想が展開されつつあった）。

加えて、日本の封建社会における武人の在り方からしても、この天恩ともとれる「御恩」は重要な事柄であった。イエズス会は日本の武士道についてはさほど理解しなかったようだが、年報や書簡などの諸記録を辿り有馬晴信の言動を分析していくと、この戦における神体験、また司祭に告げた告白の表明が、そのまま彼のその後の「奉公」的生き方に連動し、反映していることが分かる。

沖田畷の戦（一五八四年）は、日本武士有馬晴信のキリシタン信仰を決定づけるできごとでもあった。

西欧で歪められた晴信像

すべてはこの国の領主である善良な国主ドン・プロタジオ（有馬晴信）の恩恵と助力によるものであり、彼は偉大にして優れたキリシタンとして、デウスへの崇敬と家臣の霊魂の救いにかかわる事いっさいをおこなっている。

「一五九九－一六〇一年日本諸国記」第十五章「有馬国について」に、こう記されている。有馬晴信の存在なくして布教を継続することができなかった（であろう）イエズス会が、彼を「偉大にして優れたキリシタン」としたのは正当な評価であった、と言えよう。

ところが、こんにち伝えられる彼の人物評価はそれほど芳しくない。「受洗に政治・軍事的配慮があった」、複数の夫人を持ち「道徳的に乱れていた」、なかには「背教者、迫害者であった」とするものもあり、かなり歪められている。

キリシタン宗が御法度とされた日本の藩政時代において、彼らは「罪人」扱いにされ、評価が意図的に歪められたのは事実である。それは分からない話ではないが、御法度ではない、むしろ奨励されるべきヨーロッパにおいても晴信が「罪悪人」「背教者」「迫害者」にされた、としたらどうだろう、まさかそんなことが、と耳を疑うような事実が、実際ある。一六八九年、フランスのパリで発刊された『日本教会史』全二巻に紹介された有馬晴信に関する記述である。

謎の『日本西教史』

明治11年『日本西教史』の題名で発刊されたジャン・クラッセの「日本教会史」

『日本西教史』は、フランスのフランソワ・ソリエー(一五五八–一六二八年)が日本から送られた年報や書簡をもとにまとめた原稿『日本教会史』に、イエズス会宣教師ジャン・クラッセ(一六一八–一六九二年)が補筆し発刊したもので、西洋で紹介された日本キリスト教の通史としては初めてのものであった。日本では明治時代になって駐仏公使鮫島尚信が同書第二版（一七一五年刊）を入手し、これを太政官の依頼を受けたフランス人宣教師が翻訳し、『日本西教史』のタイトルで出版した。「史料価値は低い」と言う人もあるが、しかし「日本におけるキリシタン史の最初の通史として、のちの研究に多大な影響を与えた」ことからすると、無視できない。次のようにある。

有馬国主ジャン（ジョアン）すなわちもとのドム・プロテー（ドン・プロタジオ有馬晴信）は、初めキリスト教を奉じてこれを領内に宣布したれども、のちこれを廃し、かえってキリスト教を窘迫（迫害）したる人なり。……この人従来犯す所の罪悪によりて、死を致すはもとより当たれりといふべく（云々）

「日本イエズス会のすべてに雨露を凌ぐ場所を与えるべく、大いなる愛をもって自らの一身を捧げ」、「気前よく援助を与えた」「偉大にして優れたキリシタン」であるドン・プロタジオ有馬晴信が、十七世紀のヨーロッパにおいても、「罪悪」人扱いにされたのは、悲しむべき、運命のいたずらである。

戦後、キリシタン史研究の進展により、歪められたキリシタン史にいくらか修正の手が加えられてきた。前述のごとく有馬晴信に関してもH・チースリク氏、結城了悟氏ら聖職研究者が、「彼は真のキリシタンらしい死に方であった」、「彼自身の信仰が道徳上の破滅状態から救った」などと、部分的には評価を下しているものの、それでも「偉大にして優れたキリシタン」とした当時の評価には及ばない。

問題とされるのは、晴信の「受洗の動機が政治的であった」こと、複数の夫人をもち「道徳的な問題があった」こと、「種々の政治上の問題が起こった」ことなどであるが、このうち「受洗の政治的動機」については前述した通り、イエズス会そのものが日本布教方針として政治権力を利用した経緯、ルイス・フロイスは著書『日本史』第一巻九八章(「五畿内篇Ⅱ第三八章」)で、その事実を明確に証言していることからして、彼をそのように批判する道理はない、と言わねばならない。

複数の夫人の存在については、既にあの時代、その事実を認めた上で「彼は偉大にして優れたキリシタン」と評価したのであって、今にこれをとやかく言うのは不可解である。

聖職者は晴信を聖人の眼鏡で見たいのだろうか。彼は基本的に「武人」であり、「聖職者」ではなかった。それに、ジュスタ夫人を迎えたあと彼はキリスト教の戒律を守り、夫婦して領民に尊敬される「模範」的キリシタンとなっている（「一六〇九－一六一〇年度年報」）。

それはともかくとして、イエズス会が最大の困難に遭遇したとき、晴信から受けた「恩義」についていて一言もふれていないのは、日本人からすると不思議でもある。晴信に「道徳的問題がある」とするなら、「恩義」を忘れるイエズス会にも道徳的・人道的問題がある、としなければならない。

ところで、『日本西教史』でイエズス会宣教師ジャン・クラッセはなにゆえに晴信を「廃」教者と言い、「窘迫（迫害）」者としたのだろうか、これこそ謂われなき嘘言であり、晴信の人権を侵害する「犯罪」であるのだが、理由は、晴信が晩年に係わった一連の事件、デウス号撃沈、贈賄により領土を獲得しようとした岡本大八事件に起因していることが判明する。

「罪悪」人にされた彼の人権を回復するためには、同事件の真相を明らかにしなければならないようだ。

第二章　一味同心・岡本大八事件

岡本大八事件の真相

発覚した贈収賄事件

有馬晴信が失脚する原因ともなった贈収賄事件・岡本大八事件は、一六一二年一月に発覚した。晴信が要求したのは鍋島領「藤津」の奪回であり、その根拠は二年前の一六一〇年一月（慶長十四年十二月）、晴信が黒船マドレ・デ・デウス号（別名ノッサ・セニョーラ・ダ・グラッサ号）を長崎湾外で爆沈させた手柄に対する「褒賞《ほうしょう》として」であった。事件は、デウス号撃沈に連動しているので、まずはデウス号事件の経緯から追わなければならない。

デウス号の船長アンドレ・ペッソアは、長崎港に入港（一六〇九年七月）する半年前の一六〇九年年二月、マカオにいて、そこで偶然発生した日本人とシナ人、ポルトガル人との諍いを仲裁したことがある。折りしも難風を避けて同港に寄港していた有馬晴信の朱印船の乗組員が駆けつけ、喧嘩を煽動したため、アンドレ・ペッソアはポルトガル船乗組員とともに彼らを襲撃し、数人（史料により四十人とも）を殺害した。

デウス号が長崎に入港して二カ月が経った頃、マカオでの喧嘩の難を逃れた朱印船の南蛮人「あんじ（水先案内人）」がひとり、唐山（中国）経由で帰国し、幕府に事の次第を報告した。即刻、デウス号討取の命令が下され、その際、幕府は打ち損じがないよう複数の武将に指命したが、晴信は「私の旧敵なれば」と単独で引き受け、準備に取りかかった。攻撃を開始したのは二カ月後の一六一〇年一月三日。四日間にわたる戦いの末、同月六日、湾外に爆沈させた。晴信は参府して黒船成敗の手柄を報告し、家康から「御称美」の言葉と「御腰物（長光《ながみつ》の名刀）」などを賜った。

デウス号爆沈による被害は、邦文史料によると、乗組員「二百余人」、「白糸（生糸）二十万斤、白銀二十余万両」その他とされるが、乗組員の被害については、イエズス会は事前に「ポルトガル人の商人らに救いの手を差し伸べる」配慮をなし、「船に乗り組んだのは老若あわせて五十人であった」としている（ジョアン・ロドリーゲス・ジランによる「一六一〇年一月六日、日本に来ているポルトガル船に生じた不幸な事件に関する報告」）。

贈収賄事件岡本大八事件が発覚したのは一六一二年一月であるので、デウス号事件からちょうど二年後のことであった。

岡本大八事件は、駿府における執政本多上野介《こうずけのすけ》正純の与力《よりき》岡本大八（「パウロ」の洗礼名を持つキリシタン）が、同船爆沈手柄の「褒賞」として「有馬の旧領（藤津を含む）三郡」を下賜《かし》される旨の話を晴信に持ちかけ、偽の朱印状案文を提示して多額の金品を詐取《さしゅ》した、というものである。

事件の結末は、大八が「火罪」、晴信は当初「追放」刑で甲斐国に流され、追って「死罪」を言い渡され、本書冒頭に紹介した通り、同年六月五日（陰暦五月六日）流謫《るたく》地の初《は》鹿野《じかの》丸林で「五十一歳」の生涯を終えた。

日本史諸書に「岡本大八奸謀《かんぼう》」、または「詐謀《さぼう》」などと表記されることからわかるように、この事件は岡本大八を元凶とし、彼が奸計を巡らし、晴信に偽りの領地加増の話を持ちかけたことになっている。ところがイエズス会、ドミニコ会の欧文史料によると話はその逆であり、最初にドン・プロタジオ有馬晴信が「藤津の知行」獲得を計画し、次いで岡本大八に賄賂を通じた、となっている。その順序がどうであったのかが、この事件の真相を解明する一つの鍵になることは後述する。

不可解な爆沈の「褒賞」

領地加増（もしくは奪回）の話の出所が、岡本大八からか、それとも晴信からなのか、邦文史料と欧文史料で異なるという記録伝承の曖昧さもそうだが、この事件には不可解な部分が多々ある。

「藤津」もしくは「杵島《きしま》」「彼杵《そのぎ》」を含めた「三郡」は有馬氏の「旧領」でもないのに、その理由を付けて「奪回」というかたちで事が運ばれていること。黒船デウス号撃沈に対する「褒賞」については、事後「家康から謝辞をうけ、かつ直々に剱《つるぎ》（長光の刀）を賜り」、黒船の「燼余《じんよ》（燃え残り）の財貨」も頂戴した（『国乗遺聞巻之七』）。したがって一件は決済されているはずなのに、なおかつ「褒賞」がある旨で話が進行していること、などである。

前述したように、ポルトガルの商船マードレ・デ・デウス号爆沈事件は、有馬晴信の朱印船がマカオ港で騒動に巻き込まれ、ポルトガル船乗組員に襲撃されたことに対する報復行動であった。

その際、将軍は報復を長崎近辺の諸侯に指示したが、晴信は「私の旧敵なれば」と単独これを買って出た（『藤原有馬世譜』「御霊公譜下」、『国乗遺聞』巻之七）。その成功を将軍秀忠に報告したとき、「権現様（徳川家康）御称美ありて、御手より御腰物（長光《ながみつ》作の刀）下し賜はり」、その上、「黒船の浮荷物以下くださるの旨」達しがあり、これについては追って本多佐渡守正信を通じて晴信に「（慶長十五年）一月二十二日」付けで奉書が届けられた（『藤原有馬世譜』「御霊公譜下」）。すなわち、家康からの「称美（謝辞）」、「長光作の刀」、「黒船の燼余の財貨」が手柄に対する褒美・行賞であった。一説によると、息直純に家康の孫娘「国姫」が与えられたのも、そうだという。

そうであれば、この一件は落着している。その上にまた「褒賞」がある、というのも変な話である。それ故に途方もない賄賂を必要としたのだろうが、問題は、そこまでして「藤津」を獲得しなければならない理由が、晴信の側にあったのか、である。事件の真相は、その辺りに隠されている、と見ていいようだ。

【註】長光《ながみつ》　鎌倉時代後期の備前国長船の刀工。足利将軍の宝刀「大般若長光」（国

宝）や「遠江長光」など、華やかな乱れ刃の豪壮華麗な作がある。晴信に下賜された「長光」の行方については貞享年間、本間宗閑という人が書き付けを残している。「（晴信の）御死去後、京都菊亭家に御越しなされ候御前様（＝ジュスタ夫人）の御内、（もしくは）甲州に御供した家老千々石釆女の相果て候処に之有り候哉」（『藤原有馬世譜』「御霊公晴信譜下」）。

「旧領」主張に根拠なし

もう一つの疑問である「藤津」を有馬氏の「旧領（地）」とする件については、『鍋島勝茂譜考補三』に「旧地」、『藤原有馬世譜』に「有馬累代伝領地」、と出ている。はたして「旧領（地）」、「累代伝領地」と言えるかどうか。この問題の解決には、外山幹夫氏の著書『肥前有馬一族』（新人物往来社）が参考になる。

有馬氏の出自については従来、藤原純友後裔説が主流であったが、外山氏は「鎌倉時代に有間朝澄が平姓を用いている」として、これを否定している。本貫《ほんがん》（氏族集団の発祥の地）は、高来郡南部の「有間庄」（南島原市北・南有馬町）。その地名を取って「有間」、のちに「有馬」を名乗り、有間庄地頭から国人領主、そして戦国大名へと発展する。その過程で、九代貴純が北部九州の守護職にあった少弐政資を助け、「藤津、杵島」を。さらに十一代晴純（仙巌）は「肥前守護職」となり、「三根、佐賀、神崎」を「槍先（戦）をもって切り取り」最大範図としたが、やがて、龍造寺氏の台頭により退けられた、とある。『北肥戦誌十六』に「高来・彼杵・杵島・藤津の内を押領し……」、『歴代鎮西要略六』にも「有馬晴純、已に略取（す）高来・彼杵・杵島・松浦・藤津等……」とあるように、「いま鍋島の所領する所の藤津、彼杵、杵島の三郡」は「押領」、「略取」したものであり、それらを有馬の「旧領」とする根拠はない。

晴信の時代の始めに、自領とする「高来郡」でさえ危うくなり、キリシタン信仰を「主なる武器」に奇蹟的起死回生を遂げたことは、すでに第一章で述べた。その際、北部の要所「伊佐早《いさはや》（諫早）」、「神代《こうじろ》」を取り戻すことができなかった経緯がある（「一五八八年度年報」）。

領地を奪回すると言うからには高来郡の「伊佐早」、「神代」を先に持ち出すのが順路であるはずだ。そうであるのに、既に将軍家から鍋島氏に安堵されている他藩領地の大半を「有馬の旧地」であると主張し、「奪回」しようというのは、筋が通らない。

後日、晴信の企《たくら》みが明らかになり、大御所家康が「修理殿（有馬晴信）ハ、大キナル空《う》虚者哉《つけものかな》……我、何故ニ鍋島ガ領シ来ル所ノ知行ヲ取上テ、有馬へ与フベキヤ。修理ハ近来ノ馬鹿者ナリ」（『鍋島勝茂譜考補』三乾）と嘲笑したのは、当然のことであった。

晴信の訴状に誇張の嘘

有馬晴信が岡本大八と「談合」して本多上野介正純に上申しようとした旧領奪回要求の趣旨が、『鍋島勝茂譜考補三』（『島原半嶋史上巻』（林銑吉編、長崎県南高来郡市教育会、八三一頁）に収められている。

……先年、太閤様御支配（のみぎり・著者補足）愚意を受けず候。其の故は、弓箭《きゅうせん》に初終の勝ちを以て本とする事、古今の法にて御座候。然るに最前《さいぜん》、龍造寺隆信武威《ぶい》に募り、諸方へ相働くの砌《みぎり》、牛津川より西の有馬領、一端彼の下知に相随ふと雖《いえど》も、去る天正十二年の春、父義純《ママ》行《おこな》いを以て隆信を討ち捕り、其の上家臣本田伊予守人数《にんじゅ》を相副《そ》え、大村より藤津に到り、杵島郡中放火せしめ、相働き候処、龍造寺一味《いちみ》の後藤、多久、松浦等、壹人《いちにん》も支《ささ》える者御座なく候。爰《ここ》に於いて以前隆信差し出し置き候処の判物は、悉《ことごとく》焼き捨て、元の如く此の方より判書は村々授け置き候。然れは初終の勝利は此の方へ之有り候。其の旨を以て太閤へ申し上げ候と雖《いえど》も、鍋島加賀守種々才覚を以て賄賂、終に御朱印を申し請け候。其の段多年歎き存ずる儀に御座候条、この度《たび》順路を以て御裁許、已前《いぜん》の如く仰せ付けられ下さるべく候。（原文は漢文）

これによると、晴信と大八は「牛津川より西（三郡）」を「有馬（旧）領」とする理由として、「天正十二年（一五八四）春」の沖田畷戦をあげて説明している。すなわち龍造寺の台頭により「一端」は彼の「下知」となったが、沖田畷戦で龍造寺を討ち、取り戻した。天正十五年、九州に攻め入った太閤秀吉にその旨申し上げていたが、龍造寺（鍋島）が「才覚」と「賄賂」をもって秀吉の朱印状を請けてしまった。「初終之勝を以て、弓箭《きゆうせん》（いくさ）の本とする」ことが「古今の法」であるから、戻して欲しい、というものである。

「一五八八年度年報」にも、龍造寺は秀吉に賄賂を贈って「伊佐早」を取り返したことが出ている。したがって同上申文は部分的には事実であろうが、誇張の嘘があるのは、誰の目にも明らかである。

あの戦勝で有馬晴信が一時的に奪回したのは、「藤津」でも「牛津川以西」でもなく、自領「高来」の範囲にある「伊佐早《いさはや》」、「神代《こうじろ》」であった。

また、一五八四年（天正十二）の沖田畷の戦は晴信自身が戦ったことであるのに、「父（実兄）義純、行いをもって隆信を討ち捕り……」、としているのも史実にそぐわない。一五七一年に亡くなっている義純が一五八四年の戦に出陣するはずはない。「累代伝領」を強調したいがための改竄《かいざん》であった。二十八年も以前の、秀吉の時代の出来事であり、家康が記憶になかったとしたら誤魔化されたかもしれないが、それが偽りであることは晴信本人が知っていた。

どこから見ても、この事件には無理がある。筋の通らない、到底受け入れがたい要求であるのに、これを強行しようとした背景には、繰り返すが、晴信以外の意志が働いている、とみて間違いない。

核心に入る前に、「藤津」もしくは「鍋島領」を取り巻く、同事件に係わると思われる二つの与件《よけん》、藤津・鍋島領におけるドミニコ会の動きと、当時家康の顧問的立場にあった佐賀小城出身の学僧・元佶《げんきつ》、についてふれておきたい。

「藤津」におけるドミニコ会の動き

複雑に絡みあったこの事件を解くには、大八と晴信の直接関係以外に、その背後にある協力・相反のさまざまな関係が考慮されなければならない。その中でも、晴信と一体関係にあるイエズス会、イエズス会と対立関係にあるドミニコ修道会の関係は重要になる。とくに「藤津」を言う場合、キリシタン史を繙《ひもと》くと誰でもわかることだが、そこに数年前（一六〇六年）、僧元佶と鍋島藩主の公認のもと藤津郡浜町と同鹿島、そして佐賀に教会を建立し、布教を展開していたドミニコ会の三つの教会（一六〇七－一六〇八年に建立）があった。

ドミニコ修道会（托鉢《たくはつ》修道会）はスペインを母国とし、メキシコ、フィリピン・マニラを経由して来日した修道会で、イエズス会は早くからこの托鉢修道会の動きを牽制し、日本における布教活動を阻止するため、宣教本部を通じてさまざまな手段を講じていた。一六〇〇年十二月、日本への托鉢修道会の布教はリスボン・ゴア経由に限る、とする教皇クレメンテ八世の勅書で一定の効果をみたものの、結局一六〇八年六月、教皇パウロ五世はあらゆる修道会の日本布教を認めるに至った。デウス号事件が勃発する二年前のことである。

イエズス会より三百年余も長い歴史を有し、教皇から下賜されたインズルゼンシアス（免償）などの各種特典をもつドミニコ会の肥前鍋島領への進出は、イエズス会にとって脅威であり、できるだけ早いうちに彼らの動きを阻止しておかなければならない事情があったかもしれない。

デウス号事件が一六一〇年、岡本大八事件の発覚が一六一二年と、ドミニコ会の「藤津」進出後に並行するかたちで発生したことも念頭に入れておくべきであろう。

学僧「元佶」の存在

この事件の裏で、幕府と鍋島藩の間の諸問題処理に奔走した学僧・元佶（一五四八－一六一二年）の存在も見逃せない。小城円光寺村の出身で、当時、家康の顧問的立場にあった。経書・兵書の研究出版、寺院の統制、外交文書作成などで活躍し、「学校《がこ》様」、「円光

ドミニコ会が1607年、「藤津」の浜町に建立した教会の跡。
現在「若宮神社」として祀られている

寺様」と尊称された人物だ。

彼は一六〇六年、鍋島藩に帰省していたとき、ドミニコ会修道士の清貧生活に「同情の心を動かし」、同藩での布教を許可したことがある（『福者メーナＯＰの書簡・報告』ホセ・デルガード・ガルシーアＯＰ編注、佐久間正訳、キリシタン文化研究シリーズ23、キリシタン文化研究会）。宗派は異なっても互いの修行と真理を尊重する、高度な宗教精神に達した高僧であった。

事件が発覚した時、元信は駿府にあって一部始終を鍋島藩に注進し、執政本多正純ら幕臣とも連絡を取りながら、我が身のこととして対処している。鍋島藩と、同地「藤津」を拠点に活動しているドミニコ会、その「藤津」もしくは「牛津川以西三郡」を獲得しようとする晴信・イエズス会との対決の動向を決める上で、元佶の存在は大きかった。

この計画を成就する上で、元佶の存在がハードルになることを晴信はわかっていたにしても、イエズス会は、もしかしたら認知し得なかったかもしれない。なぜなら、イエズス会はドミニコ会とは正反対に彼を「卑しい身分」の「悪魔の使者」(「一六一二年度年報」)、と見下していたからだ。イエズス会・晴信側からすれば、これも一つの誤算であった、と言えよう。

「藤津」奪回は晴信側が計画

賄賂をもって鍋島領内三郡を有馬氏の領地にするという、この計画は岡本大八から出たのか、それとも有馬晴信からなのか、その最初の出所いかんが事件の真相究明、犯人特定の手がかりになることは、述べた。

この件に関し、日本側の諸史料はほとんどが岡本大八を先としているが、『鍋島勝茂譜考補三』は一カ所、「……是は去々年の冬より、有馬修理大夫（晴信）より大八へ内談の儀と聞くべけれ」と、その逆を記している。

その点、欧文（イエズス会、ドミニコ会）の史料は、「有馬の殿修理が藤津の知行を手に入れようとして」（『福者メーナOPの書簡・報告』）、「有馬晴信が領地の加増を企画し……」（同前）と、話の出所が晴信側にあったことで一致している。

正解はどちらか、欧文史料が言うように「晴信側から」であった、としなければならない。その理由は、これまで見てきたように事件の核心は「藤津」にこだわることにあった。であれば、「藤津」のみを上げている欧文史料がより真実を言っている。つまりは「有馬の殿、修理殿（晴信）が手に入れようと」画策したものであった、ということだ。これは、史料文書各々で、晴信が手に入れようとした対象地の範囲がまちまちになっている理由、そしてその前後関係を解析することで説明できる。

『鍋島勝茂譜考補三』に、大八が「鍋島御知行のうち三郡取り候て、有馬修理（晴信）へつか遣わすべきの由」申し上げたところ、「有馬修理、過分の由申し候」とある。

自分は「藤津」だけでいいのに、「杵島、彼杵」を加えて「三郡」とするのは晴信にとっては「過分である」つまり「ちょっと多すぎる」と言った、というのである。

前述したように、既に決済された一件であれば、「藤津」を持ち出すことさえ道理がないことを晴信は知っていた。そこに「杵島」「彼杵」を加えるというのは、晴信側からは有り得ない。晴信が持ち出した「藤津」に、大八が偽書をもってその可能性をほのめかしたとき、より多くの代償（賄賂）を得るため、故意に大八が「杵島」「彼杵」を追加した、というのが事実であろう。

それに、大村領である「彼杵」を「鍋島領」と間違えて提示していることも、裏付けになる。そこが大村領であることを知っている晴信からの話としては、有り得ない。

行き着くところ、欧文史料が言うように、晴信側が最初に領地の加増を企図し、その対象地として「藤津」を要求したことで間違いない。

事件の裏にイエズス会の存在

それでは、なぜ「藤津」でなければならなかったのか、より実現可能な「神代」、「伊佐早」ではいけなかったのか。

その答えは、晴信と一体関係にあるイエズス会、イエズス会と対立関係にあるドミニコ会、そのドミニコ会が「藤津」に進出し、そこを拠点に布教を展開し始めたこと、それらのあらゆる関係と事情を考慮することで得られる。

ドミニコ会の活動を阻止する必要があったイエズス会以外に、「藤津」にこだわる存在は有り得ない。

なぜ「藤津」にこだわるのか、答えは、ドミニコ会の活動を阻止すること、である。「藤津」が有馬晴信の領地になりさえすれば、それが可能になる、ということだ。

ローマ教皇の全修道会の日本布教を許可する勅書（一六〇八年発布）が、やがて日本にもたらされるあの時点、日本布教を独占してきたイエズス会にとっては悲観的にならざるをえないあの時点で、ドミニコ会の動きを阻むには、それ以外に方法はなかったものと思われる。

最後に、付け加えて証拠を上げておきたい。先ほど、欧文史料はこの話の出所が晴信側であり、「藤津」に限定していると紹介したが、詳しく言えばイエズス会は「藤津」の地名を明記していない。コウロス神父は単に「領地の加増……」とし、ジラン神父は「隣接する或る部分を自領にしようと考え……」と、知っているようで知らなかったような、微妙な表現をしている。

ドミニコ会が「私たちの教会のある藤津の領地」（メーナ神父）と言っているのだから、晴信と最も近い関係にあるイエズス会がこれを知らなかった、と言えば嘘になる。知っていて敢えて「藤津」を隠したのである。故意に明記しないのは、そこに狙いがあるということを他者に知られたくない心理によるものであろう。

当時「藤津」にドミニコ会が進出して布教を開始していた事実はヨーロッパにも伝えられていた。「藤津」を明記すると気付かれる恐れもあった、と思われる。いずれにしても、関与者として都合が悪いことであれば、明記を避けなければならない。

もう一つ、有馬晴信が「死罪」になった理由についてもイエズス会は明記していないが、そのことも同様の理由と考えられる。

晴信の死罪判決の理由が、晴信と対立関係にあった長崎奉行・長谷川左兵衛の暗殺を謀《はか》ったことにあったのは、周知の事実であった。そのことを邦文資料と、ドミニコ会史料は明記して伝えている。ところがイエズス会は「有馬殿もまた何かの弱点をつかまれて、誠実な人ではないと思われた（ので）――」（コウロスの「一六一二年度年報」）と、直言を避けているのだ。この一連の事件が晴信単独ではなく、イエズス会が関与して進行したことからすると、長谷川左兵衛暗殺計画もその関連事項であった。
故意に隠したことが、逆にイエズス会の関与を自認する暗喩《あんゆ》的証拠となっているのは、皮肉な話である。

事件の背景にあったのは、「神代」と「伊佐早」を取り戻す機会を狙っていた晴信と、「藤津」に進出したドミニコ会の動きに危機感を強め、これを封じ込めようとしていたイエズス会である。その両者がデウス号撃沈を契機にして、これも一連の企てに含まれていたかもしれないが、目的と辻褄《つじつま》を合わせて「藤津」窃取《せっしゅ》を計画し、イエズス会擁護の使命を自認する晴信が全面的にこれを引き受け、実行した。これが岡本大八事件の真相である。

二〇一二年五月七日、加津佐史談会代表・福田八郎氏が島原城堀端近くの「青い理髪館」(国登録有形文化財、喫茶店)に一枚の文書史料コピーを持参し、筆者に提示した。幕府の禁教令(一六一四年)で国外追放されたフランシスコ会宣教師フライ・セバスティアン・デ・サン・ペドロが、徳川幕府の禁教政策はイエズス会の誤った布教方針に依拠するものであることを「一六一七年一月二十五日」、ローマにおいて証言した文書である。

この中に「岡本大八事件」にふれた部分がある。

皇帝（徳川家康）は、上述のドン・ファン（ドン・ジョアン有馬晴信）の息子（直純）を自分の孫娘と結婚させた。その息子はキリスト教徒であり、他にキリスト教徒の女性と結婚していたが、彼女を、全く不当にも離縁した。父子（晴信と直純）は、自分たちの有馬の王国に隣接した藤津という地方を自分たちに与えることを望み、このために、京都《みやこ》のイエズス会の地区長パードレと一緒にその件を策した。ドン・パブロ（岡本大八）というイエズス会の一キリスト教徒をして、その交渉に当たらせた。彼は皇帝の書記官（本多上野介正純）の書記役であった。ドン・パブロは、このために多くの賄賂を受け取った。しかしすべては偽りであって、皇帝にも、自分の主人である書記官にも交渉をすることはしなかった。彼が与えたのは口先だけの言葉にすぎなかったので、遂に殿の息子（直純）は待ちくたびれて、パードレたちの敵である上述の長崎奉行（長谷川）左兵衛に事の次第を一部始終話した。ドン・ファン（有馬晴信）は、すでに一件が左兵衛の耳に入ったことを知り、左兵衛がその妨害をするに相違ないと考えて、彼を殺害しようと企てるに至った。この画策はすべて、イエズス会の一日本人イルマンの手で行われた。すでに上で触れたことだが、京都の地区長パードレーパードレ・ペドロ・モレホンであったが——は、このイルマンを何度も京都から皇帝の政庁に送った。このごまかしと画策がすべて露《あら》わになった。(『大航海叢書第二期七・イエズス会と日本二』二七六–七頁、岩波書店。カッコ内筆者補註)

フランシスコ会士セバスティアンはこの中で、「藤津」を窃取《せつしゅ》する計画は有馬晴信とイエズス会パードレが「一緒に策した」ことであり、長崎奉行長谷川左兵衛と晴信の息子・直純の殺害画策が「すべてイエズス会の一日本人イルマンの手で行われた」と、ドミニコ会文書にはない新たな事実を証言している。

「藤津」を「望む」理由は、本章でたびたび述べたように、晴信側にあるのではなく、ドミニコ会の「藤津」進出を阻止したいがためのイエズス会による画策であった。

この文書では、「有馬の殿ドン・ファン修理(晴信)……父子は、自分たちの有馬の王国に隣接した藤津という地方を、皇帝が自分たちに与えることを望み、このために、京都《みやこ》のイエズス会の地区長パードレ—ペドロ・モレホン—と一緒にその件を策した」とし、つづく箇所でも「ドン・ファン(晴信)やパードレたちがこれを狙った」などと、イエズス会パードレの介入を認め、踏み込んではいるものの、なぜ「藤津」を「望み」、「策した」かについては触れていない。

興味深いのは、岡本大八についての証言である。一般には有馬晴信（とイエズス会）の交渉相手とされているが、同文書では、「イエズス会の一キリスト教徒」であり、かつ「皇帝（家康）の書記官（本多正純）の書記役（与力）」であるから、「（藤津を狙うための）交渉に当たらせた」、としている。つまりは共謀者であった、というのだ。

セバスティアンはそれら三者のうち、首謀者がいずれであったかは明記していない。しかし、この文書が、イエズス会の誤った布教方針を告発する性格のものであること、また、同事件に関連して画策された左兵衛、直純の暗殺計画が「すべてイエズス会の一日本人イルマンの手で行われた」という証言からすると、答えはおのずから炙《あぶ》り出されてくる。本章で明らかにした同事件の真実を、十分に補ってくれる証言文書である。

演出されたデウス号事件

イエズス会が一味同心のキリシタン大名有馬晴信をして「藤津」を収奪しようと試みた岡本大八事件は、それ単独で実行されたのではなく、二年前の一六一〇年一月、長崎湾沖での有馬軍によるマドレ・デ・デウス号撃沈事件と連動するものであった。

すなわち岡本大八に賄賂とともに持ちかけた藤津収奪計画は、デウス号爆沈に対する褒賞を理由とするものであり、前後二つの事件は不離一体の関係にあったと考えられる。したがって両事件のうち、後者がイエズス会を動機とする企図、藤津に進出したドミニコ修道会の動きを阻止する目的によって実行されたことであれば、前者のデウス号爆沈事件も同じくイエズス会の関与があったとしなければならない。

ところが、一般に知られているデウス号事件の結末は「死者二百余、積荷は白糸二十万斤、銀二千六百貫目はすべて失われ」（『長崎事典』五十七頁、長崎文献社）、甚大な経済的打撃を被ったとし、イエズス会を加害者でなく被害者とするものであり、二つの事件にイエズス会が関与したとする推理は成立しなくなる。

岡本大八事件の真相解明の作業を進めながら、じつのところ、一方でその理由付けともなった先行事件デウス号爆沈事件との関連性が、もう一つの課題としてあった。しかし、どう考えても加害、被害の論理的矛盾の壁が立ちふさがり、疑念を残しながらも諦めざるを得なかった、というのが事実である。

二〇一二年七月七日、夜になって以前から気になっていた岡美穂子氏（東京大学史料編纂所助教授）の著書『商人と宣教師―南蛮貿易の世界』、東京大学出版会）に目を通していたとき、マドレ・デ・デウス号爆沈事件（一般には有馬軍による「爆沈」とされるが、岡氏は「自爆」としている）に関する従来の見解とは異なる叙述に遭遇し、衝撃が走った。

『商人と宣教師―南蛮貿易の世界』は、岡氏がこれまで発表した研究論文を複数収録し再編集したもので、イエズス会がマカオの聖パウロ学院（「要塞・モンテの砦」とも称された）を拠点に、プロクラドール（財務管理者）をしてマカオ商人を介在させ、貿易事業に深く関与し布教を展開した実態（同書「第六章マカオの宗教権力」）や、「逼塞《ひっそく》」潜伏して活動する宣教師を支援するため、禁教下のマカオ＝日本間で同様の地下組織活動を一六三三年ごろまで継続した事実（「第七章禁教後のイエズス会貿易」）など、新たな史料を駆使し解読した労作である。

「マドレ・デ・デウス号事件」については、同書「第Ⅲ部商人と宣教師」の「第七章禁教後のイエズス会貿易」に出ている（同書二五一―二五三頁）。この章は、近年新たに発見され「一九九四年にアナ・レイタォンのリスボン大学修士学位論文で全文掲載された」「日本プロクラドール覚書」（以下「覚書」）を解読するかたちで進められ、デウス号事件については同「覚書」第六項の関連事項としてふれている。

岡氏によると、同「覚書」の作者は、前長崎プロクラドールで一六一〇年に国外追放され、一六二七年当時マカオの日本プロクラドール職を務めていた「ツヅ・ジョアン・ロドリゲス」であった。

徳川幕府のキリスト教禁令発布と前後して、イエズス会の貿易は「信用があり、安全で、リスクの少ない」金の購入を中心とした取引に重点を移行し、そのためマカオから、銀との交換のために日本へ大量の金（マカオの市民・商人からの委託金）が送られていた。

岡氏は、そうした禁教前後の貿易の中身や「規則」の変化を説明しながら、同事件の真相を次のように述べている。なお、「マードレ・デ・デウス号」は別名「ノッサ・セニョーラ・ダ・グラッサ号」とも呼ばれ、この箇所では「グラッサ号」で表記されている。

「アンドレ・ペッソア」は同船の船長である。

イエズス会が日本貿易で得ていた基本収入は、生糸によるものであったが、ロドリゲスの「アンドレ・ペッソアの年然《しか》り、他の年然《しか》り、金から得た利益だけが、我々に残されたのである。そこには多くの意味が含まれるが、解る人には解るであろう（第六項）」という記述は注目に値する。アンドレ・ペッソアをカピタンとするノッサ・セニョーラ・ダ・グラッサ号（以下グラッサ号）が、有馬晴信軍の攻撃を受けて長崎湾外で自爆した際に、その船には大量のイエズス会の生糸が積載されていた。これにより日本イエズス会が受けた経済的打撃は相当なものであった。しかしながらロドリゲスはこのような年でも金取引ゆえに窮地を免れたと記している。

この年のイエズス会の金取引については、高瀬の研究に詳しいので詳細は省略するが、これらの金はマカオの裕福な市民からイエズス会が長崎で取引するよう委託されたもので、本来ならばグラッサ号と共に海中に沈むべき運命にあった。しかしながら長崎の司祭たちはグラッサ号が荷積みの大半を積んだまま港内に停泊していた時期、この金を荷揚げさせ、早々に交換していた。しかしこのとき、交換してマカオに送るべき銀をグラッサ号に積載せず、マカオにある日本イエズス会の銀を金の所有者に渡すことが内部で決定されていた。結局、グラッサ号は長崎湾外で有馬軍との戦闘のすえに自爆したが、実際には金と交換したマカオ商人の銀は船上に積載されていなかったのに、イエズス会側は「海上不損（難破等の際には取引行為者の有限責任）」による免責を理由に、銀はそこで失われたものとし、返済義務もないことを主張した。金の委託者であったマカオ商人たちは、実際には対価の銀が失われていないことを後で知るにいたり、イエズス会にその返済を要求して訴訟を起こしたのである。右の第六項の記述からは、結局イエズス会が金の利益を持ち主に返還せずにすんだことがわかるが、暗示的な文言が付されていることから、その一件はあまり公にできないものと見なされていたと考えられる。

この中で岡氏が紹介している「高瀬の研究」とは、高瀬弘一郎著『キリシタン時代の研究』（岩波書店）二八二－二九〇頁の「キリシタン教会の資金調達」を指す。これは、高瀬氏が「この年のイエズス会の金取引」として同事件の裏事情、つまり真相を明らかにしたものと思われるが、要点は岡氏が述べる通りであろう。

岡氏はロドリゲスの「アンドレ・ペッソアの年然《しか》り、他の年然《しか》り、金から得た利益だけが、我々に残されたのである。そこには多くの意味が含まれているが、解る人には解るであろう」と、なかば暗号のごとく記された同「覚書」とを嚙み合わせながら解読しているので、わかりやすい。

述べられている通り、同グラッサ号（デウス号）は、「一六〇九年七月二九日に長崎港に到着してから翌年（一六一〇）一月六日に有馬晴信軍の攻撃を受けて自爆するまでの約半年間に、長崎の市中とグラッサ号との間には商品・人間ともに相当な往来が」あり、長崎のイエズス会司祭たちは同号に積載された「金を荷揚げさせ、早々に銀と交換していた」。

通常、その「銀」は金と引き換えに日本から荷積みされるところであるが、このときのグラッサ号については、例外的に「マカオにある日本イエズス会の銀」をこれに充てることが内部で秘密裡に決定されていた。したがって長崎湾外で自爆したときには、実際のところマカオ商人に渡されるべき銀は船内になかったのに、イエズス会は爆沈による「海上不損」、すなわち銀がそれによって失われたと装い、マカオにある日本イエズス会の銀も支払われなかった、というのである。

これらマドレ・デ・デウス号事件の背後で操作されたイエズス会の商取引の実際と、今回筆者が明らかにした岡本大八事件の真相実態とを突き合わせてみるとき、両者は矛盾なくかみ合い、一つのストーリーとして展開されたことが分かる。それは巧妙に仕組まれた、マカオの要塞聖パウロ学院を中心とする工作であった。

岡氏は、同書で「グラッサ号が『荷積み全てとともに沈没した』という一般的な見方には疑問を投じなければならない」（二五三頁）と述べているが、岡本大八事件とともにデウス号「自爆」事件は全容が見直されなければならない、と考える。

有馬晴信の軍がデウス号（グラッサ号）と戦闘して、幕府が「黒船御成敗候」（本多佐渡守正信の有馬晴信宛て奉書）と認めた手柄も、「自爆」であったとすれば演出にすぎない。

晴信自身、これらの〈カラクリ〉をイエズス会側から知らされていたのかどうか、当時のイエズス会は千々石ミゲル（遣欧使節四少年の一人）の脱会および彼によるイエズス会攻撃もあって、日本人信徒に対する警戒心を強め、同「覚書」でも「日本人のイルマンをプロクラドールの助手にしてはいけない」（第三十六項、第七項）などとしているので、晴信にも知らされていなかったかもしれない。

日本の武士道においても、「損得勘定をする」商人と「理財の道を卑しいもの」とする武士の心は相反するものとされてきた（新渡戸稲造『武士道』）。武士道をもってキリシタン宗を受容した晴信が、商取引による不正や非道を容認するとは考えられない。日本人武士の心とされる「誠」は、商人たちと連携し、貿易と密接に関係しながら宣教する日本管区イエズス会にとっては邪魔になるものであったにちがいない。

その点、貿易に手を染めず清貧の宣教活動をおこなったドミニコ会・托鉢修道会は、日本の武士社会に受容されうる精神世界を有していた（これが佐賀鍋島藩をしてドミニコ修道会を受け入れさせた最大の理由であった。詳しくは後述する）。

ドミニコ修道会の宣教師たちは、同事件および一連の商取引で幕府を憤激させ、キリスト教禁令を布告させた根本原因が何であるかを知っていた。アロンソ・デ・メーナ神父は「（長崎奉行・長谷川）左兵衛とイエズス会士との間に起こった紛争と不快な事件（一六一三年）」と題する短い報告文の中で、「イエズス会が左兵衛（幕府代理者）との間に引き起こしていた紛争と憤激は、彼らの商品や利益問題（将軍から委託された銀に不正があったこと）に原因があると言うことができる」、と断言している。

第三章　晴信に見るキリシタン信仰の世界

武士道的キリシタン信仰

武士道のこころ秘め

晴信失脚の直接原因となった岡本大八事件は、晴信の単独行動ではなく、イエズス会の介入によってなされた出来事であった。首謀者はむしろイエズス会の側であったと言うことができるが、真相を解明した今、そのように割り切ることもできない、不思議な心境になるのはどうしてだろうか。あの世にいる晴信に聞いてみても、「イエズス会を責める気持ちはまったくない」、と答えるにちがいない。その信仰、晴信の心の奥にある精神世界はいかなるものであったのか、四百年隠されてきた彼の実像を訪ねてみたい。

繰り返すが、晴信とイエズス会は一体の関係にあった。「国主・諸侯・大身たちの寵を獲得する」方法を日本における布教方針として選択したイエズス会と、大敵龍造寺の前に領土も家臣も奪われ、滅亡の危機に瀕していた有馬晴信との利害が一致したことが契機となったようだが、両者はその後、不思議にも一度も対立するということがなかった。

見てきたように、晴信はイエズス会を「擁護する任務」を負い、彼らが秀吉の「伴天連追放令」（一五八七年）で避難を余儀なくされたとき、司祭や神学生らを領内に匿《かくま》い、活動のためのあらゆる環境を惜しまず提供し、援助した。

一六〇〇年（慶長五）、全国のキリシタン大名が迫害を怖れ、「志を行動によって示すことができなかった」中で、彼は豪華な邸宅と土地に加え、大教会と神学校を建設して寄進した。

その奉仕ぶりは「まことに熱心で」しかも「大いなる愛をもって」なされ、イエズス会は同事件が発生する直前の「一六一〇年」まで、かれのキリシタン信仰を高く評価した。「一六〇九‐一六一〇年度年報」に、「有馬殿とその奥方（ジュスタ夫人）……この両人の寛容さは彼らの信仰心にふさわしく、我らが必要に迫られるごとに気前よく我らに援助を与えた」、とあるのを見てもわかるように、彼のイエズス会に対する奉仕の姿勢は一貫していた、と言っていい。

晴信の信仰―奥にあるもの

たとえば、物理的迫害・拷問の前に、多くの信者は「転んだ（棄教した）」。しかし、晴信の場合、秀吉や家康ら権力者に対し、ひるむことがなかった。

彼は、「デウスの法とイエズス会の伴天連を擁護するという任務」のためには、「心からすすんで危険に身を晒そう」と言い、「能《あた》う限りのことをやり尽くそう。そして万策尽きたとき……わが命と領土を投げ出すといたそう」（「一五八八年度年報」）と、殉教の覚悟さえ持っていた。

そのような強い性格のキリシタン信仰は、一五八四年（天正十二）春の沖田畷戦で確立された、と前述したが、ここで注目したいのは、「イエズス会擁護の任務」に、「能う限りのことをやり尽くし」、「万策尽きたとき（は）……わが命と領土を投げ出す」という、彼の徹底した責任遂行の在り方である。

ペトロ岐部カスイの場合

日本のキリシタン史を見ていくと、他にも同じようなことを言った人物がいる。志した司祭への道が閉ざされたとき、なおその志を変えることなく一人でローマにまで出かけて司祭となり、再び迫害下の日本に潜入して日本人信者の救霊活動に奔走しながら捕らえられ、壮絶な殉教を遂げたペトロ岐部カスイ（一五八七－一六三九年）である。

フィリピンのルバング島で日本潜入の機会を窺っていたとき、彼は、イエズス会総会長からの書簡に接し、返信を書いた。その中に、「私は、あらゆる艱難、危険、死までも覚悟してこの旅を始めようとしている。……すなわち日本の武士は主君の一言で生命を無にする習慣があるから……」とある。

死を覚悟していく自分の道を、主君の一言で命を無にする武士の道と重ねているのだ。ここに、ローマ教皇またはその代理者としてのポルトガル国王、イエズス会総会長を「主君」に見立てている武士カスイの姿を見ることができる。

「主君」を教皇とする晴信

有馬晴信の場合も同様であったと思われる。それは、たとえば四人の少年使節をローマ法王のもとに派遣した一五八二年、法王とイエズス会の布教保護権を有する母国ポルトガルの国王に宛てた晴信の書簡によっても、ある程度、確認することができる。

その中で、晴信は「極めて暗澹《あんたん》たる境地より予（晴信）を脱せしめ」た、例の沖田畷戦でのイエズス会の「御恩」にふれ、「陛下は凡《すべ》て基督信者を総轄・救育するを伝聞したるに因り」……「予は勿論、陛下の御力と御扶持《ふち》の中に許容あるべき大いなる恵を受くることとなるべし」と書いている。

「扶持《ふち》」とは、「俸禄を給して家臣としておくこと」、または「その俸禄」であり、一般的には「助けること」を意味する、日本封建社会特有の用語である。日本の武士が、その主君に対すると同じように、彼はローマ法王と自身との関係を主従的係わりで捉えていたことが理解されてくる。

そうであれば、それから二年後の一五八四年（天正十二）、龍造寺隆信との対決を前に、有馬の教会で荘厳なミサ儀式をもって有馬神学校校長からローマ法王下賜の「聖遺物匣」を受けたこと。さらには四少年が帰還したとき、ローマ教皇から「勅書・帽子・刀・聖木十字架」を下賜されたことは、彼にとって特別の意味合いを持つものであったと思われる。

武士道的キリシタン信仰

晴信が日本におけるイエズス会の擁護に命を捨てる覚悟を持っていたのは、このような武士道的キリシタン信仰に依拠するものではなかっただろうか。その道において武士は二心がなかった。たとえ、不条理な要求であったとしても、節を変えることがない。そのままを呑み込み、その道に「死ぬ」、これが日本の武士道、わけても『葉隠』が説く武士道であった。

岡本大八事件の真相に辿り着いたとき、「なぜ、晴信はイエズス会の要求を断らなかったのか」、との疑問にかられたことであった。「不条理なことであれば、断ればいいではないか」、と。

西欧の合理主義的思考方式からすると、そのような問い掛けも出てくるだろうが、日本のサムライの道には、それがない。二者は一体であり、他者を否定することは、自己を否定することと同然である、という道理である。

主君と意見が分かれたとき、忠節の道の一つとして非を説くことも許されはしたが、その場合も、サムライは自己の血をもって誠を示すことが道とされた。いずれにしても、「武士の生命は主君に仕える手段と考えられ（てい）た」（新渡戸稲造『武士道』三笠書房）。

日本のサムライのキリシタン信仰は、再三言うように、まだよく理解されていない。晴信が結果として汚名を着せられることとなった、あの謎の多い事件への関与は、善悪の道理のみを説くキリシタンの教えだけでは理解することができない。日本武士道の不条理をも呑む道理によって、解釈が可能になることを指摘しておきたい。（この件は、『葉隠』をもとに「主人を歎くキリシタン」で詳述する。）

偏諱的意味を持った洗礼・堅信名

ジュスト高山右近、フランシスコ大友宗麟、シメオン黒田官兵衛、アゴスチイノ小西行長、バルトロメウ大村純忠等々、キリシタン大名は各々、一個の洗礼名を有していた。ところがプロタジオ有馬晴信は途中、堅信の秘蹟にあずかり「ジョアン」という堅信名に変えている。イエズス会司祭のキリシタン研究家H・チースリク氏は、これについて次のように説明する。

（日本の）キリシタン時代には、洗礼を志願期（信仰の準備期間）の卒業ではなく、信仰生活のスタートとみなしていた。堅信の秘蹟は、日本に司教が来てから初めて行われた。堅信が新しい信者にとってどれほど大きな意味があったかというと、彼らはそれをあたかも第二の改心かのようにみて、洗礼名にかえてその後、堅信名を使うようになるほどであった。たとえば一五九六年に来日したマルティニス司教か、あるいは一五九八年に来たセルケイラ司教かによって堅信の秘蹟を授けられた有馬晴信は、その時まで使っていた洗礼名プロタジオのかわりにジョアンと称するようになった。

（『キリシタン史考』三九八頁、聖母の騎士会）

洗礼は、信仰の準備期間を経てのち授けられるのが一般的だが、日本のキリシタン時代には、まず洗礼を授け、後に信仰教育をおこなう方法を採っていた。だから、ある一定の信仰期間を経て授けられる堅信名が、「大きな意味」を持っていたらしい。

将軍偏諱

名前を改める習慣は、日本の武家社会でよくあることだった。その中に、主君の「偏諱《へんき》を賜う」かたちで改名することがある。功績や手柄のあった家臣に、主君が諱《いみな》の一字（偏諱）を与えることだ。

有馬氏は、肥前国六郡二十一万石の最大版図を誇った第十代晴純（初名・賢純）のとき、足利将軍義晴の諱の一字を賜り、「晴純」と称し、あわせて「従五位下に叙し、修理大夫に任じ」られた（『国乗遺聞・巻一』）。

これは「将軍偏諱」といわれるもので、「他の地域権力に対する自立性、家臣に対する上位者としての立場を、被授与者（本人）に主張させる一つの根拠となる」とされている（林田崇氏の第一五三回コレジヨ文化講座講義）。

有馬晴信は、始め「鎮純」のち「鎮貴」、「久賢」、「晴信」と名を変えた。このうち「久賢」は島津氏とともに戦った一五八四年（天正十二）の対龍造寺戦・沖田畷の戦を前後して、島津貴久から偏諱「久」を強いられたもので、島津氏に隷属させられた屈辱的臭いがあるが、その三年後、太閤秀吉の島津征討により隷属を解かれて以降、「晴信」と名乗り、通した。

「晴」の一字は、祖父晴純（仙巌）が足利将軍義晴から官途《かんと》「修理大夫」とともに授与された「将軍偏諱」由来の一字であり、祖父の意志を継ぐ晴信の立場と、将軍足利氏に認められた名族としての威光を示そうとする武人晴信の意気を窺うことができる。

教皇偏諱としてのジョアン

ここに再度、有馬家十三代晴信が洗礼名「プロタジオ」に代え、途中から「ジョアン」（スペイン語でジュアン、またはファン）と称した事実を重ねてみたい。H・チースリク氏の見解とは別に、もう一つの意味が浮かび上がってくるにちがいない。前章でみたように、晴信は、世界のキリスト教信者を「統轄・救育」し「御扶持《ふち》の中に御許容」される「教皇」または「ポルトガル国王」、「イエズス会総長」を「主君」とし、主従の関係で自身を捉えていた。その世界史的視野での「教皇偏諱」的意味である。

世界を舞台に活動するイエズス会と一つになり、「日本におけるイエズス会の擁護」を自らの責務とし、「主君の一言で命を無にする」日本人武士の絶対服従的信仰をもって「熱心」に援助活動を展開した晴信は、日本一国の枠を超えた人物、世界史という軸で生きたドン・ジョアン／プロタジオであった、と言うことができよう。

「晴信」「壽菴」二つの法名

死後与えられた法名にも、そのような主張が見え隠れする。

晴信の法名は、有馬氏の史書『藤原有馬世譜』に「晴信院殿迷誉宗転大禅定門」と「讃壽菴殿幽誉宗転大居士」。『国乗遺聞』には「晴信院殿迷誉宗転大居士」と「讃壽菴殿幽誉宗転大居士」の各二つの位号が記されている（「転」は「転びキリシタン」を暗示する差別戒名、逆に言えば「キリシタン」の証明。『国乗遺聞』では「転」が「禅」の字に改められている写本もある）。

『国乗遺聞・巻一』にある晴信の２つの法名

二つある法名のうち後者の「讃壽菴殿幽誉宗転大居士」は、晴信の堅信名「サン・ジュアン」に由来するのは明らかである。H・チースリク氏もそれを認めていた。清水紘一氏の論文「有馬晴信考

（一）―終焉地」に、「チースリク氏から、有馬晴信は一六〇二－三年の頃の司教から堅信名ジョアンを授けられていたと見られるが、法戒名に寿庵と記されている場合には、同霊名の影響が及んでいると考えられることを御教示いただいた」とある。仏教国日本の枠にとどまらない、世界人キリシタンとしての彼の主張をここにも見ることが出来る。「晴信」と「壽菴」二つの名にこだわった「大名」であり、「キリシタン」であった。

【註】「堅信《けんしん》の秘蹟」　カトリックで制定された七つの秘蹟のうちの一つ。「聖霊の恩恵を与えて、洗礼による新しい生命を成長させ、信仰のあかしをたてる力を与える秘蹟」を言う（『カトリック要理』）。原則として司教がこれを授ける。

武人イグナシオへの崇敬

イグナシオと晴信

武人晴信のキリシタン信仰を考える上で、もう一つ、参考にしたい事実がある。イエズス会「一六一一年度年報」に出てくる次の条である。

……領主（晴信）は特に武人であったので、福者イグナシオ師への信仰がいとも深かった。

「イグナシオ」は修道会イエズス会の創立者、「イグナチオ・デ・ロヨラ（一四九一―一五五六年）である。スペイン国バスク地方、アスペイティアのロヨラ城に生まれ、一五〇六年、親戚の騎士ファン・ベラケレス・デ・クエラルの従者となり軍務について各地を転戦した。一五二一年五月、パンプローナ戦で負傷したのを機に世俗と決別し、その後、パリ大学で神学を学び、同志七人とともに終身を神に捧げる誓いを立てた（一五三四年八月十五日）。これがイエズス会（修道会）創立の端緒となる。のち正式な認可を受け、ロヨラが初代総長に就いた。教皇への厳しい服従をモットーに、カトリック教会の組織を建て直しプロテスタントに対抗する対抗改革を推進し、世界布教を展開した。

一六〇九年（慶長十四）、ロヨラが福者に上げられ、その報せが一六一一年、日本にもたらされると、長崎をはじめ各地で盛大な祝祭が催された。しかし、有馬では領主晴信が同年七月、岡本大八を介した藤津獲得の計画を実行するため京都、江戸へ向かい、不在であったことから、祝祭の「行列」は「領主が帰るまで延期された」（「一六一一年度年報」）。晴信はその一年後、同事件に連坐して死罪を宣告され、甲斐国初鹿野の山中に五十一歳の生涯を終えたため、「イグナシオ師」の祝祭は結局、この方四百年、挙行されることはなかった。

「騎士イグナシオ」と「武士晴信」、武人としての共通認識もあって晴信は「師イグナシオ」を崇敬したものと思われる。日本には戦国武将が戦神《いくさがみ》を祭る慣習があった。晴信は騎士イグナシオ師を戦神のように信奉したとも考えられる。

隠れキリシタンのイナッショ様の祈りの意味

領主がそうであれば、領民キリシタンも当然、イグナシオ師への信仰を高めたものと思われる。その痕跡を有馬・天草地方の隠れキリシタンたちの祈り「イナッショ（＝イグナシオ）様の祈り」に見ることができる。文化年間、天草の隠れキリシタン崩れ事件を検分した島原藩勘定奉行佐久間六郎兵衛の記録文書『天草吟味《ぎんみ》方控《かたひかえ》』に、次のように出ている。

ウミノボシクワンノシンチウニヲイテ　キヅヲコウムリシシヲヨビイタシ　スベレスアルカツセンニシリヤウヲリサセタモウ　ヲンミニテハマシマセハ　コノカイニヲイテハ　ヲントリヤワセナリタモウ　ハカタイタモウ　タテマツル　アンメンジンス

晴信の時代から二百年ほど後のことであり、伝承の過程でほとんど意味が取れないほどになっているが、原型を復元すると、次のようになる。

「御身の御被官の戦中において傷を被りし師を呼びいだし、スピリチュアル（心霊）合戦に勝利を得さえ給う御身にて在《まし》ませば、此の界においては御取合《とりあわせ》なし給う、計らい給う、奉る、アーメンジェズス」

「御身の御被官」は、デウスまたは聖母マリアに仕える騎士（武士）、すなわち「戦中に傷を被りし師」イグナシオのこと。彼を呼び（ともにあれば）、「スピリチュアル合戦」すなわち「心霊修行」の心の闘いに勝利を得させてくださる。そのような「御身」であられるので、この世界に生きる我々の（罪、不信仰の）取りなしをなされるよう、計らってくださいといった意味、祈りである。

同文書では表題が「海川災難除《のぞき》―」の祈りとなっている。戦国時代は戦神として信奉された「イナッショ様」が、太平の時代に移行して「海川災難除」神に変容したのか、あるいは最初から災難解除の神としてあがめられたか、どちらかであろう。

日本的（武士道的）キリシタン信仰の一形態、「主君」としてのイエズス会創始者イグナシオ師を崇敬する信仰は、弾圧時代の中で地に潜り、形を変えながら生活の中に生き続けたものとみられる。

イエズス会と晴信―運命的関係

晴信がイグナシオ師を崇敬した事実は、イエズス会（総長もしくは創始者）を「主君」と仰いだことの傍証、と言うより有力な証拠と言える。

騎士と武士、両者は戦うキリスト者「神の戦士」で共通することは、繰り返し述べた。たしかに両者をつなぐ糸は緊密なものがあったと言えるが、それ以前、イエズス会修道会の、上長と教皇への絶対服従を旨とする「軍隊のごとき」厳格な組織と規定とを有する性格と、主君と家臣が「御恩」と「奉公」の主従関係で結ばれた日本の戦国・封建社会は、上下関係を重視する点で共通する。そうした両者の相似関係、時代的・環境的背景が、晴信の武士道的キリシタン信仰をより強固にしたものと考えられる。

【註】「イグナシオ」の呼称　こんにちでは一般には「イグナチオ」または「イグナチウス」と表記されるが、キリシタン時代には「イナシオ」または「イナシヨ」と発音されていた。『奥州信徒奉答文（元和七年八月十四日付）』に、「いなしよ松岡藤兵衛

直勝」の署名。島原の乱で渡辺佐太郎が射た矢文に「いなしよ様」の記載がある。「g」を発音しないのは、他にも「マグダレナ」を「マタレーナ」と言った例がある。スペイン語風の呼称が、一部に通用されていたものらしい。

武士道とキリシタン

H・チースリク氏の神学的見解

種々傍証をあげて説明したとしても、結局は岡本大八事件を総括して解釈しないかぎり、有馬晴信という人物の真実を捉えたことにはならない。具体的には「武士道的キリシタン信仰」をいかに解釈するか、である。

従来のキリシタン研究では、「武士道」という言葉を「キリシタン」に付けるのを厭う傾向があった。その理由は、武士道がよく理解できないことに加え、「異教」的色彩を排除し、できるかぎり「洋服」的な、「パウロ教」とも称されるヨーロッパで醸成されたキリスト教を維持したいという願望にもよるらしい。

神学的見地からキリスト教の土着、隠れ信仰の研究に取り組み、武士道や異教・異文化との係わりを神の摂理と関連づけて論じたH・チースリク氏（カトリック司祭）は、日本キリシタン史研究において稀で、優れた研究家であった。

氏は、神と人との相互関係は、愛（キリシタン時代には「大切」と言った）に基づき、また、愛へ導くものであった。……それゆえ神が人間に対して尽くした無限の「御大切」に応えて、人間もまた神に対し、極力「大切」を尽くさなければならない、とするキリスト教信仰の基本的姿勢は、そのまま「武士道」の根本的な態度である「主君への奉仕」と結びつく、と主張する（H・チースリク「キリシタン」『日本の社会文化史3土着文化と外来文化』講談社）。

……武士道の根本的な態度は主君への奉仕である。後の『葉隠』でいわれているように、武士は「主君の御用に立つべき」ものであった。ちょうどこの点が、武士にとってキリスト教との出会いの場となった。キリシタン武士にとって、キリストこそ最高の主君であり、この主君だけは、祈禱や信心業をはじめ、日常生活の些事《さじ》に至るまでのすべてをささげるに価するものであった。とりわけ、上述の「御大切」の思想は、彼らにとって、武士道の一要素となった。キリストの無量の御大切に対し、キリシタン武士は、自分の全生活を、キリストへの御奉公とみなし、愛の応えとしてささげた。
「然バデウスノ御奉公ニ届コトハ、デウスノグラウリヤ（神の栄光）、ゼズスノ御教ノ御名誉、宗門ノ面目、御方ノ弘マルベキ基地也」

（『丸血留の道』）（前書一九八頁）

武士道の根本的態度「主君への奉公」が「キリストへの御奉公」につながったとすることの見解は、日本人キリシタン信仰が「御恩」と「奉公」で連結される「武士道的キリシタン信仰」であったことを仄《ほの》めかすものだが、チースリク氏はさらに「神のみ言葉の受肉」――「キリスト教の土着」と関連づけて、これを説明する。

キリスト教の土着ということは単に布教方法や司牧の問題だけではなく、神の（み言葉の）受肉の秘儀と深い関係がある。二千年前、神のみ言葉が肉となられたのは、具体的に、ある一定の民族・文化・国語のなかで形づけられた。そしてキリストの神秘体である教会が他の民族や文化、また新しい時代に入ると、本質的な神的要素を失わずに、自分の姿をその新しい条件に合わせなければならない。言いかえれば、神のみ言葉は、その民族、その文化、その時代に新たに「受肉」しなければならない。こうして、二千年前にキリストが生まれた時に行われた神の受肉は、その神秘体の成長過程の中につづけられ、毎日新たに具現していくのである。民俗学の言葉で土着過程と言っているのは、この神秘的な受肉過程の外面的な表現にすぎないのである。

（『キリシタン史考——キリシタン史の問題に答える』四〇一－四〇二頁、聖母文庫）

このなかで氏は、キリスト教は「キリスト自身、ある一定の民族・文化・国語のなかで形づくられた」のであり、「他の民族や文化、また新しい時代に入る」場合、その民族、文化、時代に合わせ「受肉」しなければならない、とする「神の受肉の秘儀」を紹介している。

それは、西欧のしきたりで東洋にもたらされたキリシタン宗は、「日本の民族・文化・国語のなかで」受容され「受肉」されたものであれば土着を可能にし、もし、そうでない場合、これは歴史のなかで淘汰・排斥されるということであろう。そのようにして日本に残ったのは、いわるゆ「隠れキリシタン」であった。チースリク氏はこれについて解釈し、驚くべき見解を提示している。

……迫害下の潜伏キリシタンには、神からの特別な恵みと助けがあったということは疑いなく、したがって、それを神学的にみて、一種の超自然的な現象、言いかえれば神の力による奇蹟とみとめざるをえない。

（『キリシタン史考——キリシタン史の問題に答える』三九〇頁）

日本の「隠れ」信仰にかんしては、異教的色彩が混入しているとして、キリシタン学界においてもとかく敬遠される傾向にある。そのなかで「隠れキリシタン」に「神からの特別な恵みと助けがあった」とする氏の神学的解釈は、出色であり、画期的であった。

二十世紀に入り、ローマ聖庁が第二ヴァチカン公会議で、「キリスト教以外の諸宗教」と「その民族の特殊な礼拝と習慣」にみられる社会的文化的価値に対し、寛容かつ奨励の態度をとるよう勧告した背景には、「二百五十年以上もつづく弾圧と迫害のあいだ、司祭がなく、洗礼・婚姻のほか秘蹟もなかった時、……彼らの唯一の支えとなっていた」「日本の潜伏時代のキリシタン」信仰の事例があった（同書四〇五頁）、という。これこそが世界が認めた「奇蹟」、「長崎の教会群とキリスト教関連遺産」が世界遺産に登録されるとすれば、その主要テーマ「精神遺産」の核をなすものであることは言うまでもない。

これらの経緯から見えてくるものは、日本人のこころ――武士道に受容された日本人キリシタンの信仰が、潜伏時代の「隠れ」に引き継がれ、そこに「神からの特別な恵みと助けがあっ」て復活につながったという、一連の日本キリシタン史のストーリーである。その流れを概観するとき、「御奉公のこころ」、武士道精神が重要な役割を果たした事実が浮き彫りにされてくる。

新渡戸稲造著『武士道』の指摘

チースリク氏は、カトリック司祭の立場でキリスト教神学により異宗教・異文化としての武士道を解釈したことであるが、その逆、日本の武士道からキリスト教を解釈したのは新渡戸稲造（一八六二－一九三三）である。著書『武士道』（三笠書房）では、「第十六章武士道は甦るだろうか」、「第十七章武士道の将来」に述べられている。

新渡戸は、

（キリスト教の）宣教師たちがどのような仕事をしようとも、それは間接的な影響にとどまる。否、あえていうならば、キリスト教の伝道は新しい日本の特性を形成するうえで、目立った影響は及ぼさなかったといってよい。いや、そればかりでなく、私たち日本人を良かれ悪しかれ駆り立てたものは、まぎれもなく純粋にして単純な武士道そのものであった。

と言い、また、日本人クリスチャンには「ひとつの無意識的な、あらがうことのできない力」としての武士道があり、「キリスト教は武士道という幹に接ぎ木」されたにすぎないと、喩えを示して説明する。

国民の過去の足跡を無視して、宣教師たちはキリスト教を新しい宗教だと主張する。だが私の考えでは、それは「古ぼけたお話」のたぐいである。もしキリスト教がそれぞれの国民に親しみやすい言葉で、人びとの道徳発達水準を考慮に入れて説かれるならば、人種や民族にかかわりなく、人びとの心にたやすく宿ることだろう。

アメリカ的、あるいはイギリス的様式のキリスト教、すなわち、造物主の恩寵と至純よりも多分にアングロ・サクソン人の奇矯と幻想を含んでいるキリスト教は、武士道という幹に接ぎ木するには貧弱すぎる芽である。新しい信仰の布教者たるべきものは、すべての幹、根、枝を根絶して、荒れ果てた土壌に直接福音の種を播くべきだろうか。

（『武士道』六二―一六三頁、三笠書房）

クリスチャンである新渡戸が「キリスト教は、武士道に接ぎ木するには貧弱すぎる」というのは、彼自身の告白である。彼は明治から昭和初期に生きた人だが、日本人キリシタンが武士道とキリスト教のかかわりをいかに捉えていたかを知る、一つの参考になる。「（キリスト教）が貧弱すぎる」とは言わないまでも、武士道が大きな力であったことは間違いない。

さらに、武士道とキリスト教の関係を文学の分野で問いかけた作家に、芥川龍之介、遠藤周作らがいる。

キリシタン時代の「転び」を扱った作品『沈黙』で著名な遠藤周作は、フランスに留学してキリスト教文学を勉強する過程で、西洋と自分との距離感を意識し、その体験から「生涯やらなければならない自分だけのテーマ」としてキリシタン史における「転び」の問題、異教とのかかわりなど裏面史にスポットを当てた作品を書くようになった。
彼は、それを「洋服」と「和服」にたとえ、次のように説明している。

そのテーマとは、私にとって距離感のあるキリスト教を、どう身近なものにできるかということであり、いいかえれば、それは母親が私に着せてくれた洋服（少年時代に母を通して洗礼を受け、クリスチャンになったこと）を、もう一度、私の手によって仕立てなおし、日本人である私の体にあった和服に変える、というテーマであった。

（『切支丹時代―殉教と棄教の歴史』一三七頁、小学館）

本書で使用する「和服」も、これに拠っている。

芥川龍之介『おしの』の問い掛け

一方、芥川龍之介は、キリストの思想と日本人の価値観とを透視し、キリシタン時代に日本人信者が苦悩したであろう深層心理を描出し問い掛けた稀な作家であった。

なかでも作品『おしの』は際立っている。武勇を誇る日本武士とキリストを対決させ、武士道がキリスト教に引けを取らないもの、むしろ、死の覚悟においては、その優位性さえ示唆させる作品である。

伝統的日本家族の絆や「奉公」的価値観の生き方が、キリストの説く「はらいそ」への道を捨てて転ばせる作品『おぎん』が、なにかと話題になる「転び」と関連して紹介されるのに対し、『おしの』はキリストの言葉の難解さもあってか、滅多に語られることはない。

晴信の武士道的キリシタン信仰と同様、『おしの』はキリストの言葉と武士道とを絡ませて解釈しなければならない難しさがあるが、キリシタン宗と武士道とのかかわり、ひいては西洋と東洋の係わり、チースリク氏が言うキリスト教の「神の受肉・土着」を理解するには、一読すべき作品である。

物語は、武士一番ケ瀬半兵衛の後家「しの」が、大病を患った「倅・新之丞《しんのじょう》」を療治させたい一念で南蛮寺を訪ね、神父と会話を交わす、ただそれだけの一場面で終始する。

「しの」が「あなた様さへ一度お見舞ひくだされば、あとはどうなりましても、さらさら心残りはございません。その上は唯清水寺の観世音菩薩の御冥護《みようご》にお縋《すが》り申《まお》すばかりでございます」と、「観世音菩薩」を取り出して言ったことから、神父は「腹立たしい色を漲《みなぎ》らせ」、ジェズ・キリストスの「御一生の御艱難辛苦《かんなんしんく》」を語り出す。

「考えても御覧なさい。ジェズスは二人の盗人《ぬすびと》と一しょに、磔木《はりき》におかかりになすつたのです。その時のおん悲しみ、その時のおん苦しみ、——我我は今想ひやるさへ、肉が震へずにはゐられません。殊に勿体ない気のするのは磔木の上からお叫びになつたジェズスの最後のおん言葉です。エリ、エリ、ラマサバクタニ、——これを解けばわが神、わが神、何ぞ我を捨て給ふや?……」

神父は思はず口をとざした。見ればまつ蒼になつた女は下唇を噛んだなり、神父の顔を見つめてゐる。しかもその眼に閃《ひらめ》いてゐるのは神聖な感動でも何でもない。唯冷やかな軽蔑と骨にも徹《とほ》りさうな憎悪とである。神父は惘気《あつけ》にとられたなり、小時《しばし》は唯唖《おし》のやうに瞬《またた》きをするばかりだつた。

「まことの天主、南蛮の如来とはさう云ふものでございますか?」

女は今迄のつつましさに似ず、止《とど》めを刺すやうに云ひ放つた。

「わたくしの夫、一番ケ瀬半兵衛は佐々木家の浪人でございます。しかしまだ一度も敵の前に後ろを見せたことはございません。去んぬる長光寺の城攻めの折も、夫は博奕《ばくち》に負けました為に、馬はもとより鎧兜さへ奪はれて居《を》つたさうでございます。それでも合戦と云ふ日には、南無阿彌陀佛と大文字に書いた紙の羽織を素肌に纏《まと》ひ、枝つきの竹を差し物に代へ、右手《めて》に三尺五寸の太刀《たち》を抜き、左手《ゆんで》に赤紙の扇を開き、「人の若衆を盗むよりしては首を取らりよと覚悟した」と、大声に歌をうたひながら、織田殿の身内に鬼と聞えた柴田の軍勢を斬り靡《なび》けました。それを何ぞや天主ともあらうに、たとひ磔木にかけられたにせよ、かごとがましい声を出すとは見下げ果てたやつでございます。さう云ふ臆病ものを崇める宗旨に何の取柄《とりえ》がございませう？　又さう云ふ臆病ものの流れを汲んだあなたとなれば、世にない夫の位牌の手前も倅の病は見せられません。新之丞も首取りの半兵衛と云はれた夫の倅でございます。臆病ものの薬を飲まされるよりは腹を切ると云ふでございませう。このやうなことを知つてゐれば、わざわざ此處《ここ》迄は来まいものを、――それだけは口惜しうございます。」

女は涙を呑みながら、くるりと神父に背を向けたかと思ふと、毒風《どくふう》を避ける人のやうにさつと堂外へ去つてしまつた。瞠目《だうもく》した神父を残した儘《まま》。……

死を前にしてキリストがなにゆえ、「エリ、エリ、ラマサバクタニ（わが神、わが神、何ぞ我を捨て給ふや）」と言ったのか、謎でもある。事実とすれば、奉公の道として命を捨てる覚悟に生きる日本武士に「臆病もの」と言われても仕方がない。

他にも、日本にやって来たキリスト教は日本人の目から見て不備があったらしい。岡倉天心は『茶の本』（岩波文庫）で、「不幸にして西洋の態度は東洋を理解するに都合が悪い。キリスト教の宣教師は与えるために（日本に）行き、受けようとはしない」（同書第一章「人情の碗」）と。また、新渡戸稲造も「日本においてキリスト教伝道事業がいまだ大きな成果をあげ得ていないのは、大方の伝道師たちが日本の歴史にまったく無知なためである」（『武士道』一六三頁、三笠書房）と、日本の歴史文化を「受肉」しないキリスト教の態度を批判している。

キリシタン時代においても、そのような意見がなかったわけではない。元禅僧でキリシタンになり、イエズス会の布教活動を大いに助けながら、背教して『破提宇子』を著した不干斎ハビアンは、パードレらの「高慢」を辛辣にあげつらい、またヴァリニャーノ師にそのことを提言した日本人武士もいた（松田毅一／E・ヨリッセン『フロイスの日本覚書』五十一－五十二頁、中公新書）。

武士道に「神の力」

ここでキリスト教の過去の問題を言うつもりはない。そうではなくて、日本のキリシタン史の理解において、H・チースリク氏を除いてだが、武士道がいかに軽視されてきたか、という一点を言いたいだけである。

もう一度、チースリク氏が提示した「キリストのみ言葉の受肉」に関する見解と、第二ヴァチカン公会議における「キリスト教以外の諸宗教に対する教会の態度について」(一九六五年十月二十八日)」の条項をあわせ検討し、日本の武士道および晴信の武士道的キリシタン信仰を解釈してみたい。

先ほど、チースリク氏の「み言葉の受肉」と「キリスト教の土着」についての見解を紹介した。「神(キリスト)のみ言葉は、その民族・その文化、その時代に新たに受肉しなければならない」、ということであった。これを、その逆から説明しているのが、最前言及した第二ヴァチカン公会議の「キリスト教以外の諸宗教に対する教会の態度について」

にかんする条項である。

……すべての民族は一つの共同体であり、唯一の起源を持っている。……また、すべての民族は唯一の終局目的、すなわち神を持っている。神の摂理と慈愛の証明、さらに救いの計画は……すべての人に及ぶ。……したがって教会は……賢慮と愛をもって、他の諸宗教の信奉者との話し合いと協力を通して、かれらのもとに見いだされる精神的・道徳的富および社会的、文化的価値を認め、保存し、さらに促進するよう勧告する。

（『第二バチカン公会議公文書全集』一九七－八頁、中央出版）

「神の摂理と慈愛の証明、さらには救いの計画は……すべての人に及ぶ」とすれば、それが諸宗教というかたちをとった場合、東洋の儒教も、あるいは日本の武士道も「神の摂理」と無関係ではあり得ない。

このことは、H・チースリク氏が、日本の隠れキリシタンに「神の特別な恵みと助けがあった」と指摘したことにつながっている。すなわち、隠れキリシタンの信仰の母体となった日本人のこころ・武士道においても「神の力」が及んだ、ということである。武士道または日本人のこころと、隠れキリシタンの信仰とは無関係ではない、という一点は押さえておかねばならない。

また、「キリストのみ言葉は各民族・文化・国語に受肉されなければならない」とするなら、西洋渡来のキリスト教が「洋服」のままで日本に土着することもあり得ない。封建社会の武士であれば、必然、武士道に接ぎ木され、日本の生活・習慣に受肉・還元されるべきである。「和服のキリシタン」とは、そのことを指している。チースリク氏はこれを「神の受肉の秘儀」として説明した。

晴信は、そのような「和服のキリシタン」において傑出した人物であった。あの事件の場合、神代・伊佐早（諫早）ならまだしも、筋が通らない鍋島領「藤津」を奪取する主人イエズス会の要求を呑んだという事実がある。その覚悟は「能うかぎりのことをやり尽く」し、「万策尽きた時」には「わが命と領地を投げ出す」ほどの、主君に生命を委ねる「一味同心」奉公三昧の武士の道に立脚したものであり、西洋の合理主義、理知主義では理解しかねる信仰であった。なぜそのような行動を可能ならしめたのだろうか。

自分から命を捨てる信仰

重要なことは、たとえイエズス会からの指示であったにしても、その「主君の一言」で「自分から命を捨てる」こと、つまり、責任を相手に嫁すのではなく、自分が負うということである。あのような計画を企てることが正しかったか否かは別問題として、そこにある晴信の信仰は、責任を負う愛のかたちにおいて高尚なものであった。新渡戸稲造の言う「神の国の種子は武士道のなかで花咲いた」は、その謂に他ならない。

これに附して筆者が指摘したいのは、晴信のそのような信仰、「自分から命を捨てる」信仰が、じつはイエス・キリストの愛の教えに共通するということである。

「ヨハネによる福音書」第十章十一－十八節に、「良い羊飼いは、羊のために命を捨てる。……誰かがわたしからそれを取り去るのではない。わたしが自分からそれを捨てるのである」とある。

キリストのこの言葉は、人類「羊たち」の犯罪・不信仰によって十字架につけられたイエス「良き羊飼い」が、「自分から命を捨てる」すなわち人類の罪の責任をみずから負うという意味であり、もしキリストを信じるなら、これによって人類の罪が赦されるという論理が成立することになる。ここにおいて、晴信がイエズス会の要求を呑み、それをみずからの責任において敢行したこととことまったく一致するという、もう一つの「奇蹟」を確認することになる。

晴信の、あの一連の不可解な行動は、このように解釈することができる。

武士道に根付いたキリシタン信仰「武士道的キリシタン信仰」、「和服のキリシタン」信仰は、決して敬遠されるべきものではない。むしろキリストの本来の教えと近似するものといえる。日本キリシタン史において後に奇蹟の復活を成し遂げる「隠れキリシタン」信仰の母体となったもの、それらのキリシタン史を裏付けた日本の精神遺産であることを指摘したい。

「主人を歎《なげ》く」キリシタン

「悲しい最期」晴信の死

――これが、この島においてかつての高貴さによってあれほど人に知られ、私たち〔イエズス会〕を迫害の続く間中、その領内に収容し、キリスト教を維持するためにたびたびその領地を危険に晒し、受洗した一五八〇年以来、常にキリスト教に熱意を示し、その領内に一人の異教徒もないようにして、私たちに多大の恩恵を施してくれたドン・ジョアン有馬殿の悲しい最期である。時に五十一歳。追放されてから四十五日であった。

（「一六一二年度年報」）

当時、有馬にいて晴信の死の報告を受けたイエズス会宣教師マテウス・デ・コウロスは、

「一六一二年度年報」に感慨を込め、こう書き留めた。しかし「悲しい最期である」と言うのは、擁護者・有馬晴信を失ったイエズス会自身のことであって、武人晴信が果たして「悲しい最期」であったかどうか、疑問が残る。

日本の武士は、主君のために命を捨てること、「生命を無にする」ことを名誉とするからである。

悪事を我身にかぶる『葉隠』武士道

「奉公人は一向《いっこう》に主人を大切に歎《なげ》く迄なり。是れ最上の被官《ひかん》なり」というのが『葉隠《はがくれ》』（佐賀藩士山本常朝の口述を田代陣基が筆記した武士道書、全十一巻。一七一六年成立）にある。「一向に」は「一途に、ひたむきに」、「歎く」は「誠心誠意思う」、「被官」は「主人に仕える奉公人の道」といった意味である。日本倫理思想史が専門の相良亨氏は、著書『武士の思想』（ぺりかん社）で、『葉隠』のこの言葉を次のように説いている。

「主人を大切に歎《なげ》く迄なり」の立場は、せんじ詰めれば、「主君の味方として、善悪共に打ち任せ、身をなげ擲《う》って居る御家来は他事《たじ》無き者なり」ということになる。もっとも、主君に悪事がある時には幾度も幾度も諫めるべきだと〈山鹿素行〉は言う。だが『葉隠』は、主君がその諫言《かんげん》を容れない時にはその主君のもとを去る、などということは言わない。『葉隠』は、主君がそれでもなお悪事を改めない時にも、「弥々《いよいよ》御味方仕り、何とど世上に知れ申さず様に」するのが武士であり、時にはその悪事を我が身にかぶるのが武士の道だという。

あくまで「一味同心《いちみどうしん》（力を合わせ心を同じくすること）」、それが『葉隠』の生き方である。

武士道は「弓矢とる身の習」として封建制の社会に自覚されたものである。発祥は十二世紀後半、源頼朝がその支配権を確立した時代とされる。「大将軍の前にては、親死に子討たるれども顧みず弥《いや》が上に死に重なって戦ふとぞ聞く」（『保元物語』）のように、主君に対する献身を重んじるものであった。

下剋上の時代には、為政者的性格が加わって人々の心を引きつける徳性が求められるようになり、徳川時代に入ると終身・斉家・治国・平天下をとく儒教と統合し、人倫の道を天下に実現することを武士の職とする思想が主導した。山鹿素行の「士道論」がこれである。

こうした日本の武士道の流れのなかで、『葉隠』は近世の太平の時代になっても依然として献身のいさぎよさを重んじた。それだけでなく、主君との情誼的結合を極限にまで究め、「そこに死ぬことをもって生き方とする」道、主君と家臣との完全一体の道を説いた。「主君を歎《なげ》く」という表現に集約される、と相良氏は言う。

しからば、主君を歎くまでなりの姿勢はせんじ詰めれば、「主君の味方として、善悪共に打任《うちまか》せ、身をなげ擲《うっ》て居る御家来は他事《たじ》なき者なり」(葉隠一の九)ということになる。ここで、われわれにとって『葉隠』の諫言《かんげん》に関する議論が問題になってくるのであるが、『葉隠』は、「潜《ひそかに》申上《もうしあげ》、御受成れぬ時は、力及ばぬ儀と存果《ぞんじはた》し、弥《いよいよ》隠密にして、色々工夫を以、又申上《もうしあげ》く仕候へば、一度は御受成る事に候。御受成《おうけなら》れず、御悪事《あしきこと》之有時、弥《いよいよ》御味方仕、何とぞ世上に知れ申さぬ様に仕るべき事」(二の一二九)とのべている。諫言を主君が容れない時にも、臣下たる者はいよいよ主君の御味方となり、その悪事が外にもれないようにつとめ、時に悪事を「我身にかぶ」

（二の一六）るのが武士の道だというのである。　（前書、八十六頁）

山鹿素行の士道論は、主人を諫めて容れない時は去る、と言う。しかし『葉隠』は、「奉公に数寄《すき》過し、主人を歎き過して、過ち有る事も之有るべく候へども、夫が本望なり。……あやまりたるが本望なり」と、あくまで「一味同心」、「主君の味方として身を擲って居る」生き方に固持するのである。

いまここに『葉隠』の武士道をもって晴信のそれを言うのは、時代錯誤ではないかと指摘されるかもしれない。たしかに、主君の前に徹底した自己否定「死ぬ事」を説く『葉隠』は日本武士道史において特異的であり、それは十八世紀初頭に成文化されたものであった。

その点について相良氏は、こう記している。

「（山本）常朝は、元禄をはさんで万治より享保に生きた人物であり、その思想は近世中期の太平の世の思想として位置づけて理解されるべきあろうが、それはまた、祖父（中野清明）より父に流れた戦乱の中に生きた武士の精神を太平の世に再生産したものである。戦陣をかけた武士と、古今伝授のために奔走した常朝との間には、そのおかれた状況にまことに大きなひらきがある。この状況の大きなひらきにもかかわらず、常朝は祖父以来の精神に生きようとしたのである。常朝が祖父以来の精神に強い共感をもち、祖父以来の精神の継承者として自らを意識していたことは、十分におさえておかなければならないことである。

（前書、一六八－一六九頁）

山本常朝（一六五九－一七一九）の祖父中野清明は、一六二〇年（元和六）六十六歳で歿している。その「祖父以来の精神の継承者として自らを意識していた」常朝が、「祖父より父に流れた戦乱の中に生きた武士の精神を太平の世に再生産したもの」が『葉隠』であるとすれば、そこに述べられた武士道の世界は、そのまま有馬晴信が生きた時代の武士道であった。『葉隠』をもって晴信の武士道を言うのは、時代性、地域性からしても、むしろ相応しいことと思われる。

主従関係の在り方を中心にやや詳しく『葉隠』の世界を説明したのは、あの時の晴信の心を理解するためである。

すでに前章で述べた通り、佐賀鍋島氏の領地「藤津」を有馬氏の旧領というかたちで、デウス号爆沈の褒賞として、これもまたすでに家康から「御腰物（長光作刀）、黒船の浮き荷」等の恩賞を受けていたので謂われもないことであったが、そのようなあやふやな理由付けをして取り戻す計画を主人イエズス会から提示されたとき、そこに複数の偽りがあるということを晴信自身知っていた。その際、あるいは「主人の悪事を諫め」ることもありえただろうが、晴信は「弥々御味方仕り、何とぞ世上に知れ申さぬ様に」と「悪事を我が身にかぶ」り、「一向に主人を大切に歎く迄」の姿勢を貫いた。これに対し、半ば「商人」として行動した「こんぱにや」イエズス会は、愛の教えのキリスト教を伝えながら、半ば利害損得で行動した。その「悪事」を諫めるというのではないが、晴信の行為は、それ以上であったと言わねばならない。

こうした晴信の一連の理解し難い行為を説明してくれるものは、『葉隠』が説く武士道以外に、筆者は探し当てることができない。

あの時代、西国九州に存在した『葉隠』的武士道がいかにして育まれたのか、あるいは武士道に地域性があったという研究を探し得ないが、先に紹介した豊後国国東半島出身のキリシタン武将ペトロ岐部カスイの言葉「日本の武士は主君の一言で生命を無にする」も同一範疇で捉えられるものであり、九州地方のキリシタン武将たちに通じる精神世界であったと思われる。

捨身の清貧修道士

「主人の一言で生命を無にすることができる」武士道の精神が、キリストの言葉「自分から命を捨てる」（「ヨハネ伝」十章十八）と相通じるものがあることは、先に述べた。ここにもう一つ、晴信の行為が武士道とキリスト教の融合作用にあったことを裏付ける実話がある。『葉隠』思想の鍋島武士が、清貧のキリスト教徒ドミニコ修道会士を「捨身《しゃしん》の臣」として受け入れた話である。

一六〇六年八月、鍋島勝茂の家臣で深堀の小領主・鍋島七郎左衛門がフィリピンから来た南蛮船の船長フランシスコ・モレーノ・ドノーソとともにドミニコ会修道士フライ・アロンソ・デ・メーナを鍋島藩に案内し、七郎左衛門がドミニコ会修道士の生活方法や清貧について藩主に報告したときのこと、藩主は意外にも好意を示し、両者が会見するということがあった。藩主はメーナ神父に好感を持ち、さらに家康の顧問でもあった同国小城出身の学僧・元信にも秘書を遣わして、ドミニコ会パードレの清貧とその生活方法および俗世の問題（おもに商取引）に対しいかに関与しないかなどを伝えたところ、元信もまた感じるところあって布教および教会建設の土地提供の許可を出した、というものである（『福者アロンソ・デ・メーナ神父の書簡・報告』六八―六九頁）。

この出来事は、キリシタン嫌いで知られた龍造寺氏時代、イエズス会が同地に進入しようとしてできなかった経緯からすると「驚くべき」ことであった。なぜ鍋島氏がメーナ神父を受け入れたのだろうか。その理由としてメーナ神父は後日、領主鍋島勝茂が「（ドミニコ会士は）捨身の臣である（から）」と言った旨を「肥前発信、一六〇八年三月十日付書簡」（『福者アロンソ・デ・メーナ神父の書簡・報告』）に述べている。

私たち（ドミニコ会修道士）を慰めてくれたことは、この地やここに住んでいる人々が私たちを信頼してくれたことです。……台下がすでに知っておられるように、衣服、食事、合唱、説教、近隣の町に散在しているキリシタンを訪れ励ますためにいく旅行、通常日本の住院には修道士が二人いるのみであるのにもかかわらず聖務日課を行なうために必ず夜半に起きることなどの諸事項において、私たちは管区の厳しい規則を守って実行しているほかに、非常に注意深く日本語を学んでいます。このことの大きな成果を期待できるので、私たちは力強く励まされます。何故なら領主やこの土地の人々の抱いている考えや彼らが修道会の教える徳や模範・学問、私たちの説く天主の神聖を重んじることは特別なものだからです。領主が彼の主要な市（佐賀）にあるこの私たちの住居をくれた理由は、私たちが捨身のシン（Xaxin no sin）であると言われていることです。

「捨身」とは、一般には「修行・報恩のために身を殺すこと。肉身を捨てる」意味だが、『葉隠』が言う「捨身」は、「身命を捨つる」こと、すなわち「主人を一向に歎」き「身を擲って」いることであり、鍋島武士道の心「死ぬ事」そのものであった。

鍋島藩に、商取引の経済活動を伴うイエズス会のキリスト教ではなく、清貧の修道生活を旨とするドミニコ会流キリスト教が受容されたのは、背景に『葉隠』が説く武士道精神が当時の鍋島藩に存在し、両者が高度な精神世界において出会い、共感し、認め合ったということであろう。

こうした肥前国における歴史的事実は、じつのところあまり知られてはいないが、西洋のキリスト教と東洋の武士道が、日本の一部のキリシタン武士において、昇華融合されたかたちで存在し得たことを実証するものである。

晴信のこの事件におけるイエズス会への「死に身」の態度とキリスト教の精神が相通じるというのは仮説にとどまるものではないと考える。

「和服のキリシタン信仰」は、その実態の類例を多くは示すことができないが、晴信はその道において一人の先駆者であった、ということができる。


さて、晴信の死はイエズス会宣教師が言うように「悲しい最期」であったかどうか。主君イエズス会に「一味同心」して「善悪共に打ち任せ、身を擲ち」、「悪事を我が身にかぶ」ったその道は、栄誉ではあっても悲しみではない。

イエズス会が「悲しい」と表現したのは、晴信にとっては主君に自分の本心を理解してもらえなかったことに等しい。もとより理解してもらおうなどの考えは毛頭なかったと思われるが、その結果として四〇〇年、晴信の真実が隠されてしまったのは、「悲しい」ことであった。

晴信の「和服のキリシタン信仰」が、東西の文化、思想や宗教を和合したかたちの、善悪を含めあらゆるものを呑み込み融合する性格のものであるとすれば、宗教間の壁が世界史の最期の壁となっているこんにち、あらためてその意義と役割が問い直されてくる。イエズス会にとっても、晴信にとっても「悲しい」四百年を過ぎたいま、甦って彼の裡《うち》にある〈遺産〉を語ってほしいと思う。

「虚空蔵菩薩」をめぐって

「虚空菩薩」は晴信像か

有馬晴信の終焉地・山梨県甲州市大和町の臨済宗寺院・天目山栖雲寺《せいうんじ》に「有馬晴信の家臣が遺品として託した」とされる一枚の掛軸絵「虚空蔵菩薩」がある。着衣や光背、台座、それに左手に金の十字架を持ち、個性的な容貌をしていることなど、仏教絵画にしては異様で謎めいているが、それでも、晴信の家臣が同寺に託したという伝承（同寺談）、油紙につつまれて保管され、明治時代まで開けてはならぬとされてきたことなどから、これまで有馬晴信の肖像とされてきた。

そう解釈される根拠は、他にもある。画像の上衣の両脇と両膝の計四カ所に朱色で人の顔が四角形のスタンプを押したように描き込まれてあり、それが天正遣欧使節四少年を連想させること。また、左手に持つ「金の十字架」と「四少年」との取り合わせは、帰国した四少年および巡察使ヴァリニャーノ師によって有馬晴信に「勅書・剣・帽子」とともに授与された「黄金の聖木十字架」であるとの解釈ができること、などである。

「一五九一－九二年度年報」に、晴信がローマ教皇下賜の「黄金の十字架」を授与された時の様子が記されている。

巡察使は、ローマ典礼書からとった若干の祈りをとなえ、聖木十字架――それは黄金の十字架の端にはめ込まれ、頂上に十字架像があった――と黄金の鎖を恭々《うやうや》しく受けとって、それをドン・プロタジオ（晴信）に示した。するとドン・プロタジオはふたたび床に身を俯せてひれ伏して、聖木十字架を礼拝した。巡察使はドン・プロタジオの頭上に十字架を載せ、次いで首にこれを掛けながら、こう唱えた。「汝、聖なる十字架を受けよ云々」と。……ドン・プロタジオは歓喜の情を満面に示し、教皇聖下が巡察使を通して賜った恩恵に衷心より謝辞を述べた。……（黄金の）聖木十字架を戴いて、胸中に新しい活力を感じたこと、今後はもっと立派に生きねばならぬと自覚したことを語った。

（「一五九一－九二年度年報」）

聖木十字架

「聖木十字架」は、イエス・キリストの磔刑に使用されたとされる「聖十字架」の断片で製作された十字架、もしくは断片を取り付けた十字架のことである。それらは各地の正教会をはじめとする東方教会、カトリック教会に祭られ、他の聖遺物とともに信仰の対象とされてきた。現在ある聖十字架の断片は、それぞれに由来と根拠を有するものの、総計すると十字架数十本分にもなり、長い歴史の中でそれとして祝別され、加えられたものもあるとする。

使節千々石ミゲルを通じてローマ教皇から晴信に下賜された「聖木十字架」は、「(聖木が)黄金の十字架の端にはめ込まれ、頂上に十字架像があった」(「一五九一－九二年度年報」)。

「聖木十字架」は、ヨーロッパにおいて「きわめて権威のある王侯以外には贈られぬ……珍重されるべきもの」(同前年報)とされ、したがって、これを下賜された有馬晴信

山梨県甲州市大和町天目山栖雲寺に伝わる、黄金の十字架を手に持つ虚空蔵菩薩画像（人物像の部分）。晴信の頭髪と光背上の天蓋の部分に描き変えられた跡がある。近年、吉田豊京都大学教授によって「マニ教のイエス像」という見解が出された。（甲州市教育委員会提供）

は、主君ローマ教皇から「きわめて権威ある王侯」、重臣として公認されたことを意味していた。

一般に、同絵画の「晴信」が手に持つ金の十字架は、その「黄金」のゆえに価値あるものと解釈されがちだが、この場合、「黄金」よりも「聖木」に意味がある。同絵のなかでは金の十字架と台とを連結する、十字架の下方に伸びた「木片（棒）」がそれらしい。あくまでも、これを「晴信の肖像」と仮定しての解釈である。

中国の「隠れキリシタン」とのつながり

ところで二〇一一年二月、この絵像は「マニ教のイエス像」であるとの新しい解釈が、吉田豊京都大学文学部研究科教授によって提示された。

マニ教は、中国東南部の福建省を中心に明時代末（日本のキリシタン時代と重なる）まで「明教」と称する民間宗教として存在した。それはキリスト教をベースにしたグノーシス派の一種で、ササン朝ペルシャ王国時代、マニ（二一六―二七七年）によって創始されたもので、ローマ帝国では異端とされたものの、シルクロードを経由して東方に伝播されたそれは中央アジアに浸透し、ウイグルでは国教とされた。その後、東アジアに勢力を広げ、ウイグルの分裂とともに縮小を余儀なくされたが、十六世紀末－十七世紀初頭の頃まで中国東南部、福建省を中心に浙江省、広東省一帯に「明教」の呼称で存在した。仏教側から邪教とされたのは日本と同様である。中国における一種の「隠れキリシタン」的存在であったと思われる。

栖雲寺の「虚空蔵菩薩像」がキリスト教の聖書の教えを持つマニ教の「イエス像」であるとの新たな解釈は、一方で従来の「有馬晴信の肖像」説を否定することにもなりかねないが、それは早計と言わねばならない。晴信に無関係のものが、なぜ「有馬晴信の家臣によって」同寺に寄託されたのか、また「油紙に包んで、これを開けてはならない」と、まるで「隠れ」の遺物でもあるかのように取り扱われてきたのか、その意味が逆にわからなくなるし、これら同絵像を解釈する上で重要な付帯情報を消去してしまうことになるからである。

中国との交易に係わるこの問題は、日本キリシタン史における他の一つの謎である中国福建省からもたらされた白磁の母子観音像が、日本の隠れキリシタンの間で「マリア観音」として崇められたことと類似する事案であることに気付かされる。そして、これら二つの事象は、「禁教後のイエズス会貿易」の解明に係わることでもある、と言うこともできよう。

南蛮貿易とは、「ポルトガル人が日本の銀を中国へ運び、その逆に中国から生糸・絹織物、漢方薬の材料や東南アジア産の香料・香木などの多様な商品を（日本に）もたらした仲介貿易」であり、南蛮人を介した中国との貿易であった。『商人と宣教師　南蛮貿易の世界』（東京大学出版会）の著者岡美穂子氏によると、禁教後も長崎のプロクラドールは依然として機能を維持し、一六三三年頃まで（潜伏）宣教師の活動を支援する信徒組織と連絡網がマカオ商人や日本人隠れキリシタンの間に存在した（同書二五五頁）という。

一方、島原半島には晴信の死後、多くのキリシタン家臣が直純（第十四代）の延岡転封に従わず居残っていた。そうであれば、マリア観音なりマニ教のイエス像なりが中国から島原半島の「逼塞《ひっそく》」信者にもたらされ、イエズス会宣教師の認知の上で信仰の対象になり得た可能性は、十分にある。

中国浙江省の港市寧波には、仏教絵画を注文に応じて描く職業絵師がいたこともわかっている。金の十字架を持つ「マニ教のイエス像」が、晴信の関係者の注文によって制作されたかどうかはわからないが、少なくとも一六三三年ごろまでは、そのようなことも可能な状況にあったと言っていい。

「殉教を遂ぐる」晴信

栖雲寺の「虚空蔵菩薩」は、「マニ教のイエス像」であるかもしれない。福建省徳化窯産の白磁母子観音像が、日本の隠れキリシタンに秘かにもたらされ、マリア観音として崇拝された史実からすると、むしろその方が現実的に当時の状況を物語ってくれることになる。

右手を胸元で上方に向け、左手に「聖木十字架」とおぼしき金の十字架を持つ構図は、サルバトール・ムンディにも似ている。その「イエス像」に晴信像を重ねて見たとすれば、彼は関係者（イエズス会を含む）の間で「殉教者」と見なされていたとも解することができる。

『日本西教史』で著者ジャン・クラッセは、晴信を「廃」教者、「窘迫《きんぱく》」者と称したが、じつはその一方で「殉教」者との評価も与えていた。

　有馬国主ジアン即ち元のドム・プロテー（ドン・プロタジオ）は初め基督教を奉じて之れを領内に宣布したれど、後之れを廃し、却て基督教を窘迫《きんぱく》したる人なり。其終焉は前に説示する所の如し。此人従来犯す所の罪悪に因《より》て死を致すは固《もと》より当れりと謂ふ可く、又其従前《じゅうぜん》の善行有れば聖尊の為めに殉教を遂ぐるを得るも亦当れりと謂ふ可し。

「従前犯す所の罪悪によりて死を致す」人が、「聖尊の為めに殉教を遂ぐるを得る」ことはあり得ないのであるが、この矛盾した表現にイエズス会の複雑な心境が見え隠れする。舞台の裏事情をすべて承知していたイエズス会であれば、彼らの罪を負って逝った有馬晴信を仕方なく犯罪者にしてはみたものの、ほんとうは「殉教者」であると認知していたのかもしれない。

　栖雲寺の「虚空蔵菩薩」（マニ教のイエス像）は、晴信が「殉教を遂ぐるを得るも亦当れりと謂ふ可し」人であることを、秘かに証言してくれる絵像である。

終章　日野江の祈り

晴信を支えた夫人ジュスタと義母マリア

晴信の罪と赦し

ドン・ジョアン（プロタジオ）有馬晴信は、イエズス会を擁護する使命に殉じた、稀に見るキリシタン大名であった。一人の大名がキリシタン信仰を維持することさえ難しかったあの時代、その道は困難と危険を伴う道、責任感と神・主君（イエズス会）への絶対信仰すなわち忠誠心なくして進めない道、したがって「命を捨てる覚悟」なくしては行くことのできない道であった。

振り返れば、晴信の生涯は龍造寺隆信との戦いにはじまり、神代城領有をめぐる秀吉との対立、朝鮮戦役出陣、徳川政権下のキリシタン政策をめぐる幕府との確執、黒船デウス号撃沈と、それにつづく「藤津奪回作戦」の決行等々、その大半を葛藤と戦《いくさ》に費やした。

それでも彼が「あらゆる事にデウス（の神）を優先」し、「イエズス会擁護の使命」を一貫し得たのは、彼の信仰であった、と言うことができる。

聖書には、キリストが「罪のある人」、「悪行《あしき》を為せる婦《おんな》」の罪を赦す場面が登場する。そのとき、キリストは「汝の信仰なんじを救へり＝あなたの信仰があなたを救った」と言ったが、それは、罪の赦しが無条件で一方的になされるのではなく、本人の「信仰（的行為）」が条件となっていることを意味している。

この教訓によって晴信のキリシタン大名としての歩みを解釈すると、彼の前半生にあった「道徳的問題」、ルシア（兄義純の娘）と結婚しながら山田兵部純規の娘「大上」、前荒木伊賀守室「於比我志」を妾としたことなどの罪は、彼自身が問題を自覚し改めた「信仰」、イエズス会擁護の道を一貫した「信仰」によって赦されてしかるべきものと思われる。

ただし、晴信の場合、信仰軌道の修正は彼一人によるのではなく、夫人ジュスタとともに為せるものであった。イエズス会の日本報告年報には、ドン・ジョアン晴信の信仰とともに夫人ジュスタの「模範的信仰」が、重ねて書き留められている

陰徳の夫人ジュスタ

晴信の最初の夫人ルシアは、朝鮮出陣で夫に伴われ渡海し、慶長二年暮れ（一五九八年一月？）子どもの出産と同時に亡くなった。翌一五九九年、帰還した晴信は「都に赴き、アグスチイノ小西行長の媒介で」ジュスタを娶った。

――この夫人は非常に高貴な出であるが、しかし神の目から見れば、その身分よりも彼女の徳や模範的生活の方が価値がある。中山殿（中山親綱権大納言）という公卿の娘で、日本の真実の国王たる内裏（後陽成天皇）の正室の妹であった。年少の折、菊亭殿（今出川季持）という公卿と結婚した。……しかし彼女は二十歳にならぬうちに寡婦となった。……（晴信と再婚し）有馬へ行って教理を注意深く聴いたのち、キリスト教の真実と神聖に対して秀れた観念を抱くようになり、僅か二十歳ではあったが、一五九九年に喜んでヴァリニャーノの手によって洗礼を受けた。そのとき以来、常に神のことに関する知識と尊敬を増していったので、家臣全員の徳と信仰の模範となり、有馬殿自身も彼女の忠告に導かれて、その行動や統治の方法において著しく進歩を示した。

（「コウロスによる一六一二年度年報」）

――彼女は、たびたび告白をおこない、毎日決まって祈りの時間を過ごし、多くの施しや信心深いおこないをしている。……自ら範を垂れて女性の家人らを入信させている。

（「一五九九―一六〇一年日本諸国記」）

――この国（有馬）は挙げてデウスへの崇敬、キリスト教的敬虔さ、信心がたいそう盛んである。このことについては当国の領主である有馬ドン・ジョアン（晴信）と、その奥方ジュスタが家臣たちに稀な模範を示している。（「一六〇五年日本の諸事」）

――有馬ドン・ジョアン（晴信）殿とその奥方ジュスタの好意により、つねにますます大きく、豊かな成果を上げている。（有馬殿とその奥方）はその魂において敬虔さやキリスト教的信仰心をいよいよ強め、この点においてすべての人にとっての生きた模範であり、臣下たちの精神的福利にもいよいよ熱心に配慮している。

（「一六〇六、〇七年の日本の諸事」）

――この地域のキリシタン宗団は日ごとに驚異的なまでの輝かしい発展を示している。この発展が第一に主の御配慮により、第二には有馬（晴信）殿とその奥方の力によることは万人の知ることであり、この両人は良い模範を人々に示すことによって何が天国に通じる道であるかを人々に教えた。この両人の寛容さは彼らの信仰心にふさわしく、我らが必要に迫られるごとに気前よく我らに援助を与えた。

（「一六〇九―一六一〇年度年報」）

――日々、憐憫の情と敬虔さが増し、優しさと思慮深さで信仰を深め、キリシタン生活の模範として、祝日の日々には真っ先に教会に駆けつけた。

（「一六一一年度年報」）

「良い模範」、「稀な模範」、「生きた模範」と、イエズス会年報は重ねてその「範」の類い稀なことを繰り返す一方で、具体例が示されていないことに一抹のもどかしさを感じるのは、筆者だけであろうか。

公卿という出自から考えられるのは、言葉使いにおいて、おこないにおいて、そして日本の伝統文化に対する教養の深さにおいて、それは西国九州の半ば海賊的性格を有する有馬氏領国の人々からすると、比較にならないほど高貴で、尊敬の念を寄せるに余りある存在であっただろうし、イエズス会としても半ば商人として活動する立場からすると、もしかしたら近づき難い御方であったかもしれない。その結果が、あのような具体事例を欠く叙述の繰り返しになったと。

晴信がなくなった後、フランシスコ会宣教師が岡本大八事件に絡むイエズス会の行動を批判する文書を書き上げたとき、イエズス会日本管区長ヴァレンティン・カルヴァーリョはこれに対する「弁駁書《べんばく》」を書いた。そこに登場するジュスタ夫人もやはり、信仰を讃えることばのみで綴られている。

彼（晴信）の妻はジュスタといい、おこないにすぐれたキリスト教徒で、キリスト教界の柱石であり、徳において稀有の模範であり、非常な賢夫人で、しかもきわめて寛大な心の持ち主であり、彼女については殉教したマカべ兄弟の母親の話で譬えることができる。「マカべ後書」第七章に「かの女は、やさしさと、男のような勇敢さでふるい立たせた」、とある。（『イエズス会と日本』六八五頁、岩波書店）

この中に出てくる「男のような勇敢さ」は、甲斐国山中初鹿野で最期を迎えた夫晴信に対し、傍らにいて見せたジュスタ夫人の、もう一つの側面であった。

（晴信は）キリストの御受難の話をたびたび読ませ、それについて観想する為に時間を費やした。その他の時には霊的書籍の講読を注意深く聴いていたが、これらのときにもその他の信心業の時にも、ジュスタが率先してこれをおこなった。……またそれを共にジュスタと語りあった。……（家臣に首を斬られるとき）ジュスタは有馬殿のわきにいた。……他の女たちがあの光景を見れば恐怖で死んでしまうに違いない。しかし信仰心の厚いこの夫人は、男子のように完全な勇気を抱いて、心の悲しみを顔や態度には示さず、罪の痛悔やこの場に必要な神への祈りを夫に勧めていた。……（夫の）首が落ちると、……直ちにそれを手にとって、愛情深く顔前にもって来て、暫くこれと向かい合い……その後、奥室に引き下がり、声も立てず泣き叫びをせず、すすり泣きで涙を流し、全身を涙で濡らしながら、神の御心に叶うようにその悲しみや追放中のすべての苦しみを神に捧げ、それから頭髪を切った。

（「コウロスによる一六一二年度年報」）

気品のあるやさしさとともに、ときには男子のような勇敢さを持ち合わせ、それでいて稀有の模範を率先して見せたとすれば、その感化は大なるものであったにちがいない。「有馬殿自身も彼女の忠告に導かれて、その行動や統治の方法において著しく進歩を示した」（前出史料）ことであった。

この夫人のために晴信が日野江城下の広場に建てた例の豪邸を、一年も経たないうちにイエズス会にそのまま寄進したのは、じつのところ夫人の側からの申し出であったに相違ないと、今にしてわかることだが、イエズス会はこれを晴信の意志として受け、「きわめて顕著な三件」の一つとして報告した。そうであるなら、夫人は自らの善行を誇らない陰徳の人、夫の前に出ることのない謙譲の美徳を備えた人であった。この種の日本人の美徳は、西欧人にはわかりにくい。イエズス会がジュスタ夫人の「すぐれたおこない」、「徳においての稀有な模範」の具体例を書き留め得なかったほんとうの理由は、あるいはその辺にあったとも考えられる。キリシタン武人晴信を完璧に支えた女性であった。

夫の死後、京都の菊亭家に戻り、筑前秋月から来た黒田惣右衛門ミゲルの未亡人（黒田マリア）と手を組んで潜伏宣教師を匿い、信仰を維持した、という。慶安二年（一六四九）没。戒名「慈徳院殿長岳慶寿大姉」と刻まれた墓碑が、京都市上京区の盧山寺にある。

ルシア夫人とその母マリア ―― 上野国の孫娘

晴信の最初の夫人「ルシア」に関する記述は、ジュスタに比べると少ない。ルシアの父は晴信の兄義純（一五七一年没）、母親（義純夫人）は西郷純久の女マリアであった。マリアとルシアの母子二人は一五八〇年、晴信がヴァリニャーノ巡察使によって洗礼を受けたあと、同じく同師によって受洗した。イエズス会年報には「ドン・プロタジオ（晴信）の義母ドナ・マリアと妻ルシア」と連名で登場し、その模範的信仰が述べられている。

「義母ドナ・マリア」は一六〇六年、六十一歳で亡くなった。

その状況を伝える「一六〇六－一六〇七年度年報」に、彼女が死の直前、遺言をし、世俗・家財を分配したとき、「関東の江戸の市《まち》に現在人質になっており、彼女がたいそう愛している殿（晴信）の娘、つまり孫娘の一人に触れていないのを見て」、周囲の人々が「形見としてその子にも……何か残してあげるように、と言った」ことが書かれている。

これによって「江戸の市に人質になっている」晴信の娘、最初の夫人ルシアとの間の娘の存在が明らかになる。

当時、全国の諸大名は幕府に恭順を示すため「妻子」を江戸に出していた。有馬晴信は、最初の夫人ルシアを一五九八年、朝鮮戦役に伴って亡くしたため、娘一人を送っていたらしい。その後、この「娘」は、徳川氏の家臣酒井重忠（はじめ武蔵国川越藩主、一六〇一年、上野国厩橋初代藩主）の次男摂津守忠季に嫁ぎ、兄忠世の封地、上野国厩橋（現・群馬県前橋市）にいた。

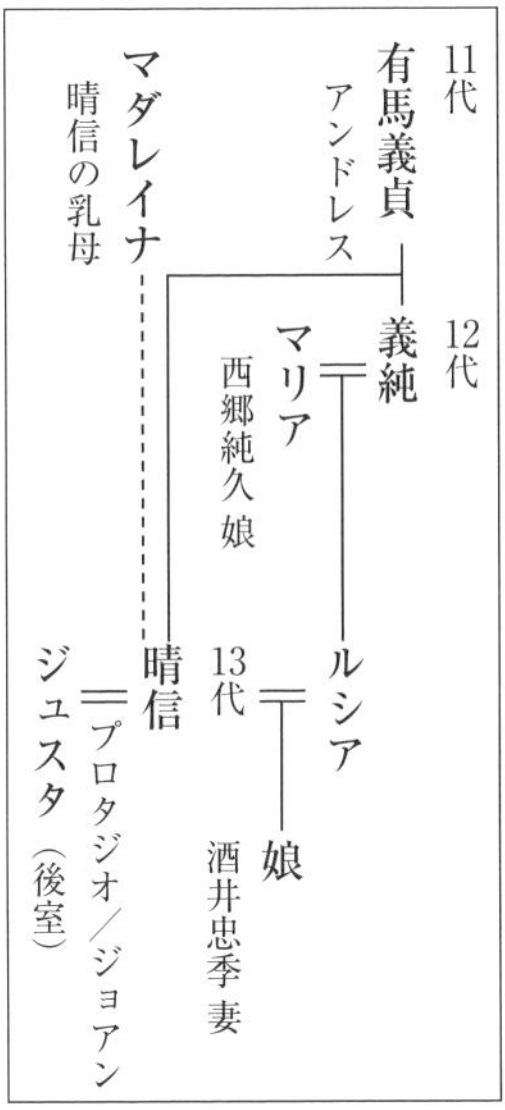

ルシア・ルシア系図

「一六一一年三月十日付」のジョアン・ロドゥリーゲス司祭の手になる「一六一一年度日本年報」に、それを裏付ける一文がある。

……ここ（伏見の司祭館）に居住している司祭は、関東諸国の一つである上野の国（現群馬県）へ、そこへ嫁いだ有馬殿の娘を訪ねて告白を聴くために赴いた。途中、美濃、尾張、伊勢、三河、駿府、そして武蔵の諸国の信徒も訪ねた。

一六一一年、伏見の司祭が上野国まで足を伸ばしたのは、そこに嫁いだ「有馬殿の娘」を訪ねるためであった。同年報が発信されたのは「一六一一年三月十日」、その頃、晴信は岡本大八事件に連坐し、駿府で取り調べを受けていた。その後、晴信は甲斐国に追放され、「五月六日（西暦六月五日）」五十一歳で生涯を閉じた。

そうした一連の出来事を、彼女が誰よりも早く耳にしたのは間違いない。後世、「キリシタン類族」の罪を逃れるためか、酒井忠季の「妻は有馬左衛門佐直純の女」と書き替えられている。

関東地方上野国（群馬県）に晴信の娘が実在し、キリシタン信仰に生きたのは意味あってのことかもしれない。

雪の中、川を渡って……

晴信の義母（姑）ドナ・マリアにとって、上野国に嫁いだ晴信の「娘」は「孫娘」にあたる。祖母としてドナ・マリアが、修道女のように熱心にキリシタン信仰に打ち込んだのは故あることと思われる。

……必要がある場合の彼女の通常の困難克服の方法は祈禱とデウスとの交わりであり……すべて寝たあと、夜の多くの部分をこの聖なる勤行に費やしていた。……彼女の贖罪行為と苦行はまことにはなはだしく、……年に何度も血の出る鞭打ち苦行をし、……禁欲は、むしろ驚嘆すべきものであった。……長年にわたって、一週間のうちの毎日断食をし、信じられないほど、このような小食でどのようにしてこの夫人が生きていられるのか理解し難いほど、わずかに少ししか食べなかったからである。……彼女の睡眠と休息はごくわずかであり、しかもそれを粗末な莫蓙で、普通、着物を着たままで行なった。……この夫人はまた現世の諸事にはなはだ無関心で、熱心に殿（晴信）に、自分がいただいている扶持（給料）を取り上げて、娘ドナ・ルシアの墓のそばの小屋で貧しく暮らさせていただきたいと頼んだ。

（フェルナン・ゲレイロ編イエズス会年報集「一六〇六、〇七年の日本の諸事」）

日野江城のどこか、あるいは二の丸辺りに墓地があり、ドナ・マリアは朝鮮国の戦陣で亡くなった一人娘ルシアの墓に足しげく通っていた。

ルシアが生きていた頃、母マリアは晴信の乳母マダレイナとともに、「裸足で幾度となく巡礼の旅」（「一五八九年度年報」）をしたことがある。

また、「冬には、厳しい寒さと深い雪の中を素足で北岡の聖母教会までミサ聖祭に与かりに行った。そこは城からかなりの距離があり、幾つかの川を渡って行かねばならなかった」、と一五九一―一五九二年度年報」は伝えている。

「北岡の聖母教会（マリア聖堂）」は、日野江城から原城に至る途中、現北岡天満宮の場所にあった。その間に浦口川、高江川（当時この川は現ＪＡ選果場と墓地の間を抜け、直線状に海辺に注いでいた）、有馬川など大小の川が流れている。有馬川の河原は今、田畑

今は田畑となっている有馬川の河原から有馬晴信の居城、日野江城を望む

になっているが、その場に立つと四百年の昔、雪のなか、日野江城から「北岡のマリア聖堂」に素足で通った在りし日のルシアと母マリアを偲ぶことができる。

有馬は、ドン・プロタジオ／ジョアン有馬晴信のふるさと。そして、「殿」と城の婦人たちがイエズス会司祭・修道士、神学生らと率先してキリシタンの範を垂れ、領民を教導した信仰の聖なる教室であった。

イグナシオの祝祭と晴信の墓地

有馬晴信がイエズス会創始者イグナシオ・デ・ロヨラを尊崇したことは、先に述べた。また一六一一年七月、イグナシオ列福祝祭行列が領主不在により「延期された」ことも紹介した。結局は一年後（一六一二年六月五日）、晴信は配所の甲州初鹿野丸林で処刑され、有馬の国の人々が待ち焦がれたその日、主人晴信とともにイグナシオ師の列福を祝う日が訪れることはなかった。

ところで、晴信の遺体はその後、どうなったのだろうか。イエズス会「一六一二年度年報」には、「内側も外側も緞子を張った箱形の棺」に入れられ、処刑場の「近くの敬虔な土地に運んで行って……（キリシタンの風習によって）埋葬」された、とある。その場所は、こんにち晴信の謫居地（処刑場）とされる初鹿野丸林（日川の辺）の東方、田野地区であったと思われる。

『藤原有馬世譜』に次のように出ている。

―今案るに、御葬地の事、近頃御穿鑿ありといへども、分明ならず。甲州初鹿野郷丸林村といふ所、天目山の入口にて、天目山まで一里余あり。此所、昔は十六屋敷とて、民家僅かに十六軒あり。其内に有賀善左衛門といふ者、有馬氏の女をもらひて妻とす。是に因て、其家に有馬氏の槍、武具類をも伝へたりしが、其後、焼失して今ハなし。其人有馬氏の墓を神に祝ひて有賀八幡と云、其地ハ日川の東、田野村の内にあり。大石の下に、石を重ねて祠にかたどり、其内に小き木の宮を入たり。其地、昔ハ有賀氏の田地なりしかど、今ハ他人の手に渡れり。(かな付け筆者)

第二次大戦さなかの昭和十九年(一九四四)、晴信の流謫地(初鹿野丸林)を最初に突き止めた中村星湖(一八八四―一九七四年、文学者)も、晴信の墓地として田野地区の「有賀八幡」を上げている。彼は同年五月七日に実地踏査をして謫居地 初鹿野丸林の「有馬晴信屋敷及びその霊を祀ったと推定される『今宮稲荷』」を探し当てたあと、前記『藤原有馬世譜』の記録により晴信の埋葬「墓地」は「日川(処刑場)の東、田野村の内に」

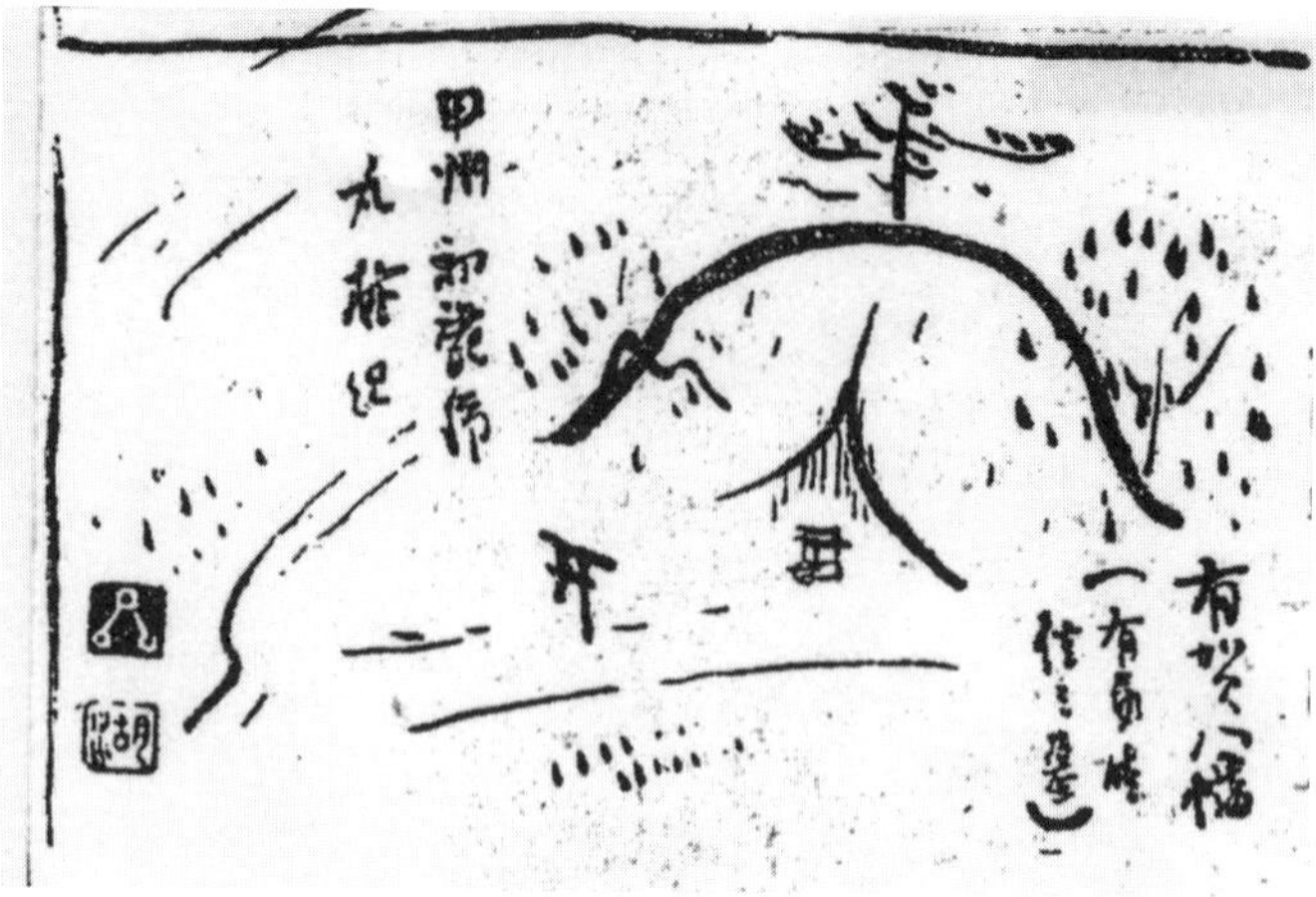

「月明」昭和十九年八月掲載の中村星湖の記事「切支丹の墓」
に添えられている「有賀八幡—有馬晴信之墓—」の図

あると推定し、「引き続き探索を依頼して置いた人に依て」判明したものらしい。「月明」昭和十九年八月号に掲載した記事「切支丹の墓」にその経緯を述べている。ただし、『藤原有馬世譜』は「大石の下に石を重ねて祠にかたどり、其内に小さき木の宮を入れたる」としているのに対し、中村星湖は「立派な円塚」であったとし、そのスケッチまで添えている。今、この遺跡地「有賀八幡」がどうなっているのか、わからない。

没後四百年にあたり、気に掛かるのはこの二件、晴信の拠城日野江と城下の人々が祈り待ち望みながら、ついに実行されなかったイグナシオの祝祭行列と、異国の地甲州初鹿野の田野地区にあるとされる晴信の墓地「有賀八幡」のことである。両者は四百年を経てなお、再会を果たし得ていない。

故郷有馬国の居城「日野江城」とその支城「原城」は、「長崎の教会群とキリスト教関連遺産」の構成資産として世界遺産候補に上げられ、注視されつつあるものの、それらキリシタン文化遺産の創出に誰よりも尽力し、命をかけた「殿」ドン・ジョアン（プロタジオ）有馬晴信が不在のままでは、心許ない。彼の帰郷を待ちわびた日野江の人々の祈りが、晴信の御霊と邂逅する日のあることを念じたい。

花十字墓碑

キリシタン時代の遺物

キリシタン大名有馬晴信の居城日野江城とその支城原城は、現在の南島原市の北有馬町と南有馬町に位置している。晴信が受洗した一五八〇年（天正八）から、追放・処刑される一六一二年（慶長十七）まで三十二年間、この地にはイエズス会が公式に駐在してキリストの教えを広め、その文化を花咲かせた。

徳川幕府がキリシタン禁教令を発布した後も、ここには複数の司祭・修道士が潜伏活動を続けていた。

最後まで残った司祭神父らのうち、マテウス・デ・コウロス神父は一六三〇年に半島を脱出しその後、京都伏見のライ病患者の小屋に隠れ、一六三二年十月二十九日死亡した。

ジャコモ・アントニオ・ジアノネ神父は一六三三年、有馬で捕らえられて八月二十八日、島原の刑場で穴吊りの拷問を受け、殉教した。少なくとも一六三三年まではキリシタンの組織的活動が展開されたことになる。

『商人と宣教師―南蛮貿易の世界』の著者岡美穂子氏は、禁教時代に入っても「フェレイラの一六三三年の獄中からの書簡がヨーロッパに伝わった」事実がある。「この頃（一六三三年）なおも宣教活動を支援する地下組織的ネットワークが存在した」と述べている（同書二七三頁）。

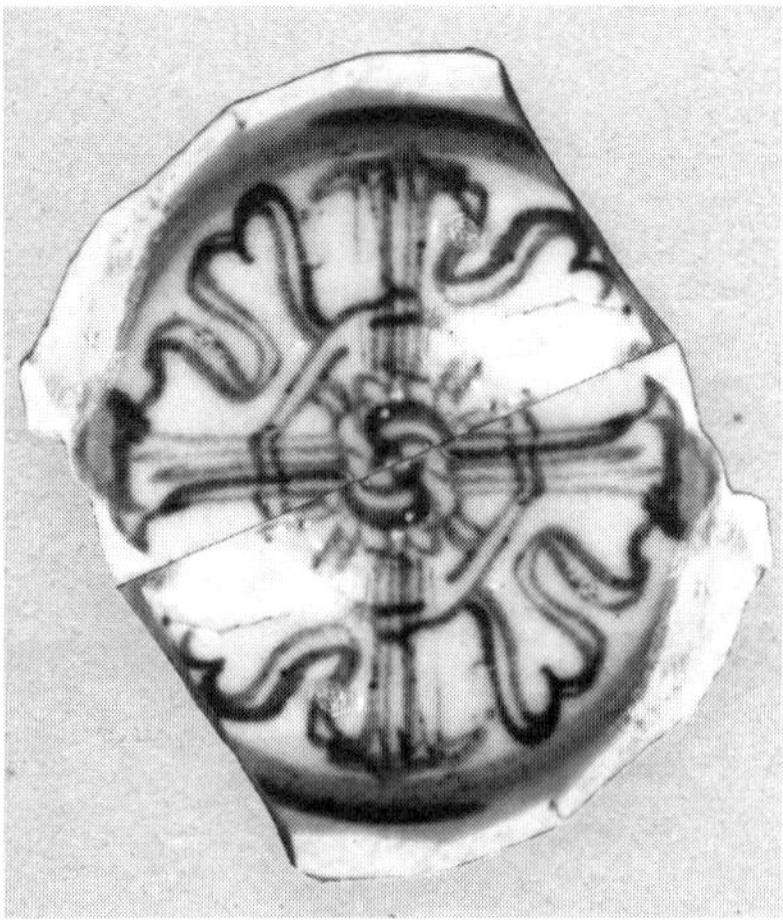

1998年夏、有馬晴信の拠城・日野江城の二の丸跡から出土した「中国製青花（染付）磁器片」（合成写真）。花クルス文様はキリシタン信仰に関係なく、意匠として描かれたものだが、キリシタン趣味が流行した晴信の時代を伝える一つの遺品としてみることが出来る（南島原市文化課蔵）

その間、キリスト教の教理は深く浸潤し、その文化が根付いたとされるが、あれから四百年を経たいま、晴信の故郷にその形跡を確認することは難しい。

近年の原城跡発掘調査で見つかった十字架やロザリオの珠など、キリシタン信仰を証明する遺物でさえ、その多くは「島原の乱」で行動を共にした信者たちが鉄砲の弾で拵えた稚拙な十字架であり、あの栄光の晴信時代を証言してくれるものではなかった。

また、島原半島南部に集中して分布する伏碑型キリシタン墓碑も同様である。花十字や洗礼名などの彫刻はいくらか往時の香りを伝えてはくれるものの、これら伏碑型のキリシタン墓碑は晴信が晩年、一連の事件に係わっていくキリシタン時代終末期に出現するもので、イエズス会時代の終焉を暗示するものであった。

キリシタン墓碑は変遷した

キリシタン墓碑の実態は、まだよくわかっていない。一つだけ言えることは、その形態が変遷したということである。

イエズス会によるキリスト教の布教は当初、日本の伝統・文化を踏まえるかたちで進行し、キリシタンの墓碑も和風の立碑（塔型）がそのまま採用された。仏教のそれと区別するのは、墓石の上部または横に掲げられた木製の十字架であった。ところが、スペインを母国とする托鉢修道会がマニラ経由で来日するようになると、門派対立という内部抗争を生じ、いかなる理由によってかわからないが、イエズス会は慶長年間途中から独自色を露わにし、それまでの日本文化順応方針を転換して西欧文化優先の強硬策を打ち出した。ヴァリニャーノ師が三度目の日本訪問を終え、離日した一六〇三年（慶長八）以後のことである。

このとき、キリシタン墓碑もそれまでの和風立碑が廃棄され、蒲鉾型に代表されるポルトガル由来の伏碑墓碑に転換されることになる。イエズス会の方針が直下に反映される有馬国（島原半島）に、西欧式キリシタン墓碑が集中的に分布するのはそのためである。

イエズス会の日本宣教報告文書（年報）は、「キリシタン墓地」についても述べている。一五八五年、有馬の市の「墓所は我らの乏しい力の許す限り立派にしたが、外観と言い、細工と言い、はなはだ巧みにでき」た（「一五八五年年報」）。

仏僧の所有している場所（墓所）」を代用していた三会村では一五九六年、「キリシタンたちの遺体を埋葬するための非常に広い墓地を購入した」（「一五九六年年報」）。

一六〇四年、晴信は「所々に十字架を建て、庶民の墓地も数カ所改修した」（「一六〇四年年報」）。

晴信が洗礼を受けてのち、領内の村々では教会の建設と相まってキリシタン墓地が整備されていたことがわかる。

このキリシタン文化開花期の墓碑はすべて塔型立碑であった。蒲鉾型の伏碑墓碑がキリシタン墓碑のすべてでもなく、また、それがキリシタン墓碑を代表するものでもないことは、明白である。伏碑をしてキリシタン墓碑の代表とするのは、キリシタン史が不明ななかで形成された誤ったキリシタン墓碑観である、と言わざるをえない。たしかにそれも一種のキリシタン墓碑ではあるが、日本の伝統文化に抗う特殊形、異常形の墓碑である。

詰まるところ、有馬晴信の故郷においてこんにち、まっとうなキリシタン文化を確認できないという結論を突きつけられることになる。もとよりキリシタン遺産は目に見えない精神遺産がメインであるため、それでもかまいはしないが、精神遺産を物語る歴史遺産としての国指定史跡・日野江城跡と原城跡が、世界遺産候補に挙げられながらキリシタン遺産を十分に表現できないとしたら、やはりもどかしい（それは、有馬晴信において然りであった。この小著が些《いささ》かでもその証明になるとしたら幸いである）。

出現した晴信時代の墓碑十字

ところで二〇一二年五月十日、伏碑型とは異なる自然石立碑形のキリシタン墓碑が南島原市西有家町の松原墓地で見つかった。「クローバ十字」に似た、ラテン十字架が彫刻されているので、間違いなくキリシタン墓碑である。

松原墓地で見つかった「クローバ花十字陰刻自然石キリシタン墓碑」

発見者は山下貞文氏（有家史談会会員、南島原市文化財保護審議会委員）。扁平でほぼ円形をした自然石の墓石（長径四八センチ、短径四二センチ）は天を仰ぐ恰好で転び、なかばば草叢《くさむら》に埋まり、花十字の陰刻は土とコケで隠れ、判明し難い状態にあった。

彫刻されている「十字」は、蒲鉾型墓碑に見られる正円形もしくは正方形の「花十字」とは明らかにちがう。慶長年代後半期以降のものであれば、他の墓碑同様の正円形「花十字」になるのが通例だが、それらと異なる形状の「花十字」（ラテン十字の四端を葉形もしくは花弁形に装飾した、この種の十字の呼称は不明。便宜上「花十字」とする）が彫刻されているのは、伏碑型ポルトガル様式のキリシタン墓碑が出現する以前の、つまりは晴信がキリシタン武将として堂々と信仰を表明し、イエズス会の活動を全面的かつ献身的に支援した有馬国キリシタン文化全盛時代のそれに違いない。

初めて見る同墓碑十字文様の由来を探すべく、各種史料をあさったが見つからず、意外にも本書三章で紹介したロヨラの聖イグナチオ像（パラグアイの聖イグナチオ・デ・クアヅの伝道村所在）の胸にある、イエズス会紋章の十字架がピッタシ該当するとわかったのは、発見後五日目のことだった。晴信が崇敬した、あのイグナシオである。

加えて、同じく本書三章で取り上げた伝有馬晴信画像、こんにちマニ教のイエス像との解釈も出されている栖雲寺の「虚空蔵菩薩」が手にする金の十字架にも似ていないだろうか。

晴信没後四〇〇年目に出現したこの小さな墓石の十字架は、どこか暗示的でもある。晴信のこころ、岡本大八事件で「一向に主人を歎き」散って逝った、日本武士としてのこころを示しているように思えてならない。

いくらか主観的になるが、筆者はこの十字架を「美しい」と直感した。「美しい」「花」の「十字架」である。

散る花を愛でるキリシタン

細川忠興の妻ガラシャは、死に臨み、「散りぬべき時知りてこそ世の中の花は花なれ人は人なれ」と詠んだ。

茶人としても著名であったキリシタン大名レオ蒲生氏郷は、辞世の歌「限りあれば吹かねど花は散るものを心みじかき山風」をのこした。

また、原城に集結した天草四郎はじめキリシタン信者たちは、死ぬ時を桜の花が咲き散る時と定め、「地主の桜の盛の頃、方々の御手に懸り朝の露と消る身……」と書いた矢文を幕府軍に射出した。

生月島のかくれキリシタンたちも、殉教者サン・ジュワンのために「この春は桜花かや散るじるやナ、また来る時は蕾開くる花であるぞやナ」と、「桜花」をオラショ（祈り）に採り入れ、唱えてきた。

これら日本人キリシタンが、和歌やオラショで殉教や死を言うとき、「花（桜）が散る」と表現したのはどういうことだろうか。意外に思えることだが、それは、当時のキリシタンが「散りぬべき時を知る」日本人（武士）のこころと、「殉教」のキリシタン信仰のこころを重ねて理解していたということであり、西欧渡来のキリスト教を日本人のこころをもって受け止めていた、ということだろう。

そうであれば、キリシタン墓碑に刻まれた「花十字」にも、二つの意味が重ねられていたことになる。一つは、西欧キリスト教由来の「死に対する勝利者キリストの象徴、贖罪の象徴」（『新カトリック事典第三巻』）としての「十字架」。他のひとつは「散る花を愛でる」日本人のこころ、武士道のこころを象徴する「花十字」である。

教育家で国際親善につとめた新渡戸稲造は、著書『武士道』で日本人キリスト教徒を論じ、「日本人の心がそのあかしをたて、感得した神の国の種子は武士道の中で花咲いた」と言った。

有馬晴信もまた、武士道のこころをもってキリストの「あかしをたて」た代表的日本人キリシタンの一人、キリスト教の精神を武士道のなかで花咲かせた「和服のキリシタン」であった。そしてこの方四百年、「一向に主人（イエズス会）を歎き」、散る時を知り、散る覚悟を持ち、散る花を愛でるこころをもって逝った事件の真相「花十字」を、和服の中に隠してきたことであった。

従前の善行有れば聖尊の為めに殉教を遂ぐるを得るも亦当れりと謂ふ可し。

（ジャン・クラッセ『日本西教史』）。

有馬晴信略年譜

西暦	和暦	有馬晴信関連
一五六一年	永禄四年	有馬晴信、生誕、父・有馬義貞、母・安富上野介直治の女
一五七七年	天正五年	父・義貞の死亡により実質の家督を相続する。
一五八〇年	天正八年	イエズス会巡察使ヴァリニャーノ師により洗礼を受ける。霊名「プロタジオ」（のち堅信の秘蹟を受け「ジョアン」と改める）。室・有馬義純の娘ルチア
一五八二年	天正十年	大友宗麟や叔父である大村純忠と共に天正遣欧少年使節を派遣
一五八四年	天正十二年	龍造寺隆信と沖田畷で戦う。島津の援軍およびイエズス会の武器援助により勝利する。晴信はローマ教皇から贈られた聖遺物入れのペンダントを胸に懸け、「大きな十字架とイエズスの名（ＩＨＳ）を記した旗を信頼し」戦う
一五八七年	天正十五年	豊臣秀吉が九州に侵攻。七月二十四日（陰暦では六月十九日）、秀吉は博多で「伴天連追放令」を発布。イエズス会は上《かみ》（京阪地域）、府内、山口からこぞって有馬領内に避難。この際、有馬晴信は「勇気ある信仰」を示し、追放された宣教師、教育施設（セミナリヨ、コレジオ、修錬院）、神学生らを領内に受け入れた

西暦	和暦	有馬晴信関連
一五八八年	天正十六	有馬晴信領（島原半島）北辺の要害、神代城城主・神代貴茂を味方に付け、島原半島北目のキリシタン布教を本格的に展開する（神代貴茂は翌一五八八旧年正月元旦、なおも晴信に抵抗したため殺害される）。晴信は神代城を一旦手に入れたものの、「秀吉朱印状」により高来郡神代郷四ケ村は龍造寺の執政・鍋島直茂に飛び領地として与えられた。晴信は秀吉の命令に反して神代城の譲渡を拒み、秀吉と戦う姿勢を見せたが、キリシタン武将黒田如水シメオン、小西行長アゴスチイノらの助言により手放し、危機を脱した
一五九〇年	天正十八年	天正遣欧少年使節帰国。法王下賜の「勅書・刀・帽子・聖十字架」を受く
一五九二年	文禄一年	朝鮮戦役出陣、小西行長の軍に属して従軍、七年間を朝鮮で過ごす。一五九七年、戦地で妻・ルチアを亡くす。一五九八年、晴信、朝鮮から帰還
一五九九年		晴信、公卿中山親綱権大納言の女（後陽成天皇正室の妹）と再婚。同年夫人は受洗、霊名「ジュスタ」
一六〇〇年	慶長五年	関が原の戦。晴信は中立の立場にあったが、黒田如水シメオンの助言で徳川方に付き、所領を安堵される
一六〇一年	慶長六年	有馬にセミナリヨ（神学校）、コレジオ（学院）が戻る。有馬城下に大

		教会が建設される。これ以後、有馬晴信領・島原半島（南目）がイエズス会の本格的基地となる。領民七万人すべてキリシタン。イエズス会会員が領内（有馬・天草）に二十〜三十人滞在した。当時実権を持ったキリシタン大名は有馬晴信のみ。イエズス会にとって晴信とその所領有馬国は最後の「頼みの綱」的存在となった 一六〇六年、藤津・佐賀の鍋島領にドミニコ会が進出する。以後、有馬領内でイエズス会とドミニコ会の抗争が展開される
一六一〇年	慶長十四年	十二月十二日（西暦一六一〇年一月四日）マードレ・デ・デウス号を長崎湾外で襲撃する。このあと晴信とイエズス会は「藤津」の取得を画策する
一六一二年	慶長十七年	岡本大八事件（岡本の収賄露見）により晴信は甲斐国に「追放」される。のち大八の訴えにより、晴信が長崎奉行長谷川左兵衛暗殺を企図したことが判明、死刑を宣告される。六月五日（和暦五月六日）、配所の甲斐国初鹿野にて死去。「五十一歳」の生涯を閉じる 六月、幕府から有馬直純に有馬領が与えられ、「キリシタン禁令」が布達される
一六一四年	慶長十八年	十二月二十二日（西暦一六一四年一月）、幕府は「排吉利支丹文」（金地院崇伝起草）を全国に発布する

あとがき

本書は、二〇一二年一月から二月にかけて「島原新聞」に連載した記事「ドン・プロタジオ有馬晴信没後四〇〇年」（全十六回）に加筆し、再編集したものである。その数年前、「島原キリシタン史発掘」（四十回連載）の記事を書いたとき、「晴信の真実は隠されている」と気付いた。真実の証明には、論理と実証双方を合わせ解く科学の論理に加え、歴史学では物証史料として目に見えない人間の心理を扱わねばならない複雑さがある。酷な作業ではあったが、まえがきで述べたように「なかば歴史に押され」、背後で「讃壽菴」晴信が支えてくれた実感がある。

二〇一二年二月二十五日、晴信の地元・南島原市の有家コレジオホールで定例開催される「コレジヨ文化講座」において、「有馬晴信没後四百年―信仰と真実―」と題して報告した。熱心な会員たちに加え、晴信ゆかりの同地キリシタン先祖たちが、ともに聴いてくれたかもしれない。田舎の貧乏記者に叶うはずもない、出版の夢が現実となったとき、晴信とキリシタン先祖たちに感謝した。

福田八郎氏（コレジュ文化講座主宰・加津佐史談会代表）、海鳥社代表取締役西俊明氏の慈眼と高配に、伏してお礼を申し上げる。

二〇一二年晩秋

宮本次人

宮本次人（みやもと・つぎと） 1951年生まれ。鳥取大学農学部農学科応用昆虫学専攻中途退学。株式会社島原新聞社記者。島原市文化財保護審議委員。島原市有明町在住

ドン・ジョアン有馬晴信

2013年2月25日発行

■

著　者　宮本次人

発行者　西　俊明

発行所　有限会社海鳥社

〒810-0072　福岡市中央区長浜3丁目1番16号

電話092（771）0132　FAX092（771）2546

http://www.kaichosha-f.co.jp

印刷・製本　九州コンピュータ印刷

［定価は表紙カバーに表示］

ISBN978-4-87415-867-8

海鳥社の本

九州戦国合戦記【増補改訂版】

吉永正春著

守護勢力と新興武将，そして一族・身内を分けた戦い。覇を求め，生き残りをかけ繰り広げられた戦いを，史料を駆使し、現地を歩き迫る。九州戦国の武将たちはいかに戦ったのか。A 5 判／280頁／上製　2200円

ISBN4-87415-586-3 C0021

九州のキリシタン大名

吉永正春著

薩摩に上陸したキリスト教は，肥前，豊後と広がり，長崎は一大キリスト教国と化し，大友宗麟はキリスト教の地を創るとして日向に進攻。大友宗麟，有馬晴信ら九州大名は，なぜキリスト教徒になったのか。A 5 判／224頁／上製　2000円

ISBN4-87415-507-3 C0021

龍王の海 国姓爺《こくせんや》・鄭成功《ていせいこう》

河村哲夫著

大航海時代の国際貿易港・平戸で中国人海商と日本人女性の間に生まれた鄭成功。激動の東アジアを舞台に、彼はいかに生きたのか。中国・台湾で今なお民族的英雄とされる鄭成功の生涯を鮮やかに描き出す。A 5 判／258頁／上製　2500円

2010.3 ISBN4-87415-766-4 C0021

「蒙古襲来絵詞」を読む

大倉隆二著

鎌倉中期の実録的な戦記絵巻「蒙古襲来絵詞」の，絵と詞書《ことばがき》全原文，現代語訳などを収載した決定版。「絵詞」にまつわる様々な誤解や論議を踏まえた解説と，全絵詞をカラーにて掲載。A 5 判／130頁／並製／カラーグラビア32頁　2000円

ISBN978-4-87415-608-7 C0021

天草回廊記 志岐麟泉《りんせん》

示車右甫著

秀吉「唐入り」の野望に端を発する文禄・慶長の役。多彩な人物像と史実の背後にまで迫り，日朝明3国変容の契機ともなった戦役を壮大なスケールで描いた歴史巨編。四六判／466頁／上製　2000円

ISBN978-4-87415-751-0 C0093

＊価格は税別